¡Atrévete a vivir tu juventud y libertad!

Roger Patrón Luján

Doctor Erazo 120 Colonia Doctores México 06720, D.F.
Tel. (52 55) 51 34 05 70 Fax. (52 55) 57 61 57 16
LADA SIN COSTO: 01 800 821 72 80

Título: Atrévete a vivir tu juventud y libertad
Autor: Roger Patrón Luján
Colección: Familia

Ilustración de portada: Fotolia
Ilustración de interiores: Gerardo Delgado del Collado

Con la colaboración especial de Gabriela Patrón González.
Edición: Sylvia Herrera Gallegos

ISBN: 978-607-453-050-6

Primera edición: enero 2010

Sistema de clasificación Melvil Dewey

173
P116
2010

Patrón Luján, Roger
Atrévete a vivir tu juventud y libertad / Roger Patrón Luján.--
Cd. de México, México: Selector, 2010.

168 pp.

ISBN: 978-607-453-050-6

1. Superación personal. 2. Familia. 3. Deberes de los hijos.

¡Atrévete a vivir tu juventud y libertad!

Roger Patrón Luján

Agradecimientos

Aarón, Alejandra, Andrés, Cristina, Daniela, Elsa, Gaby, Gabriel, Gerardo, Germán, Joaquín, LouLou, Mara, María, María Consuelo, Mariana, Mary Carmen, Montserrat, Luz de Lourdes, Patricia, Rosa Isela, Santiago, Santos, Sylvia.

¡Gracias!

Tus padres constituyen tus cimientos.
El tamaño y diseño es responsabilidad tuya.

Gaby Patrón González

Prefacio

Durante cuarenta años he escrito libros para enriquecer la vida, a manera de inspiración y respecto a diferentes temas.

Este libro lo hice pensando en ustedes, jóvenes, para apoyar su educación y fortalecer sus valores.

No espero sea una guía de estudio, pero si tomas en cuenta las anécdotas y recomendaciones aquí incluídas podrás apreciar un cambio positivo en tu vida.

Todo lo que puedas leer y aprender acerca de los valores será el pilar que en tu vida te guiará por un camino rico en satisfacciones, que al mismo tiempo te brindará bases para tu exitoso porvenir.

Disfrútalo y atrévete, porque el riesgo no te lo da en la vida el probar aventuras vanas. La libertad de poder elegir el camino que guiará tus pasos para crear un mundo fructífero, es parte de tu educación, tu recibes las bases para lograrlo, en tí y sólo en tí está tomar la iniciativa.

¡Atrévete!

Roger Patrón Luján

Prólogo

Este nuevo libro que llega a tus manos se suma a la colección de ejemplares que Roger Patrón Luján publica, como siempre, viendo el futuro como un amanecer.

Él siempre pensó cuando recopilaba los pensamientos de muchos autores —algunos ignorados hasta este momento— dirigirlos a los jóvenes que serán los próximos actores de éste nuevo siglo.

El autor aporta su granito de arena para hacer una sociedad mejor, donde no solamente se hable del progreso o de la tecnología, sino también de los valores humanos reales y activos en el diario vivir.

Nos deja, como un conjunto de estrellas, sus recopilaciones para fortalecer la esperanza, cada día más indispensable en cada vida.

Roger, comparte con los jóvenes su carácter jovial, alegre, emprendedor, contagiando y entusiasmando a todos a su alrededor, ya que ve continuamente nuevos caminos para ayudar a sus semejantes.

Conocí a Roger hace algunos años, y me impresionó agradablemente su experiencia en la ingeniería y en el área administrativa, así como su genio creativo tanto en empresas como en computación.

Ahora rebasa su sensibilidad como empresario al compartir con todos nosotros su recopilación de pensamientos, recopilados a lo largo de muchos años de investigación y de trabajo.

Su carácter multifacético hace que cada libro pula, como si fuera un diamante, una faceta más de nuestra vida.

Este libro no solamente va dirigido a la juventud, sino a personas de todas las edades, pues revive nuestro interés y nos recuerda los mensajes de cortesía, respeto a los demás y a uno mismo.

Cuando recuerdo a Roger escucho en mi memoria sus palabras:

¡Cumple lo que prometes!

¡Recibe con optimismo, cada día y trasciende!

...y recuerdo esa frase tan suya...

"Pregúntate: ¿qué quieres de la vida? "

Germán Caballero Sandoval

No pierdas tu libertad

A veces confundimos el significado de la palabra libertad para adaptarla a nuestras necesidades o reclamos.

Quisiera libertad de poner un negocio para volverme rico y no pasar carencias, dicen algunos.

Pero no se dan cuenta de que ya la tienen: libertad para elegir el medio de progresar y libertad para dedicar el tiempo necesario a lograrlo.

Un negocio lo puedes iniciar con mucho capital o simplemente, paso a paso, empezar a promover tus productos y servicios en un pequeño garage.

Mi padre inició con nosotros un gran negocio que hoy por hoy es una empresa lider en el mercado. Nosotros ibamos de calle en calle, de pueblo en pueblo, visitando los pequeños comercios como ferreterias, papelerías, mueblerías, y dejábamos "una probadita" de nuestro producto.

Después regresábamos, asegurábamos así un pedido que poco a poco fue creciendo porque la calidad de nuestro producto y servicio permitían promovernos.

Es por esto que les digo: si quieren la libertad para viajar por el mundo, para lograr grandes oportunidades en la vida, para disfrutar de proyección; no esperen más, la libertad no les llegará si no arriesgan, si no estudian, porque en eso radica la libertad.

Tienen la libertad para elegir lo que deseen estudiar, libertad para emprender el camino del conocimiento, libertad para utilizar el tiempo necesario en esforzarse por lograr un objetivo. Y es ahí de donde surge la libertad.

¡La libertad la tienes, no esclavices tu mente en sueños vanos!

Roger Patrón Luján

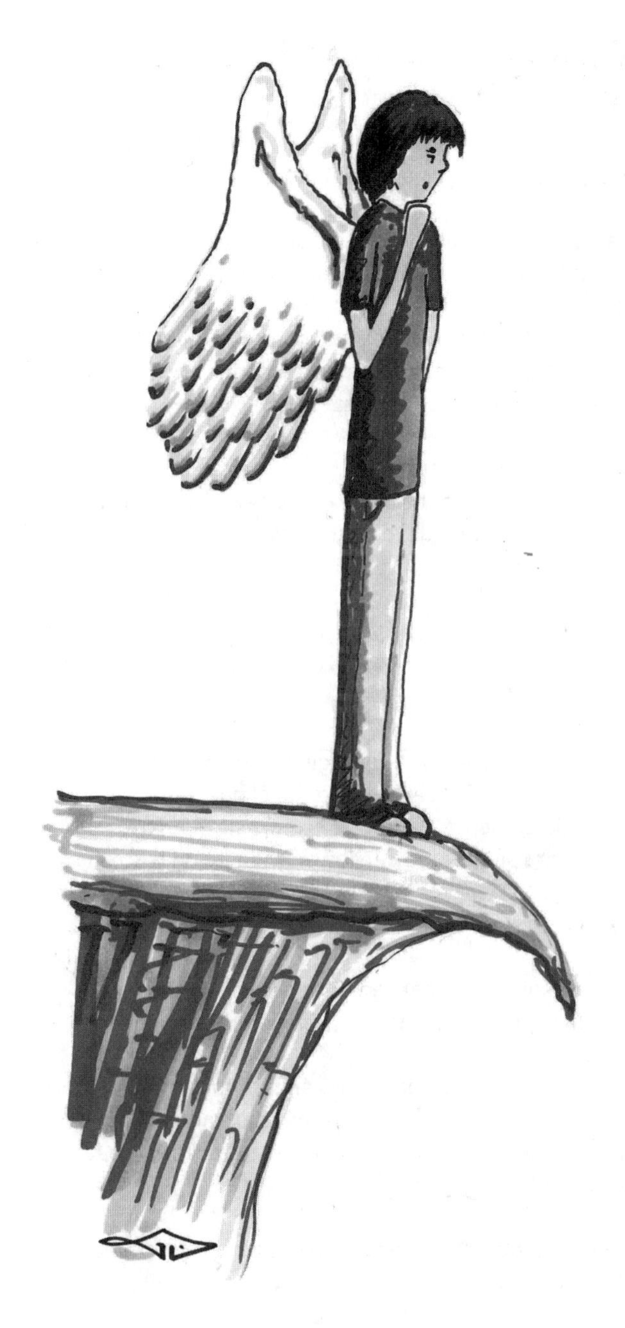

«...no esperen más, la libertad no les llegará
si no arriesgan, si no estudian,
porque de ahí nace la libertad»

A mi padre

Gracias papá, porque me has enseñado a ser hombre.

Me has enseñado que ante todos los problemas y adversidades, teniendo todo para perder, darse por vencido nunca es la solución.

Me has enseñado a arriesgar lo poco que se tiene en pos de conseguir algo mejor, dándome ejemplo de no pecar de soberbia si triunfo, y educando mi capacidad de afrontar frustraciones y derrotas sin ira ni rencores al ser vencido.

Me has enseñado que ser humilde es ir a darle la cara a una persona que acaba de humillarte y no devolver el insulto, sino perdonarlo y dejarle las puertas abiertas.

Me has enseñado que en esta vida triunfa el que deja huella, fracase o no. Aquel que logra avanzar poco a poco, pero sin aportar nada a los demás, es un derrotado.

Me has enseñado y corregido inteligentemente en mis momentos de desconcierto; me has servido cuando el que debería servirte soy yo. Has estado presente cuando te he necesitado: en los momentos de felicidad para alentarme y en los momentos de tristeza para consolarme y aconsejarme. Y a veces me has indicado que yo solo debo resolver mis problemas.

Me has legado una personalidad de servicio y entrega, pues has dejado tus diversiones por darme incluso hasta lo que no tienes.

Me has enseñado a tener sangre fría en los momentos de crisis, y cautela y honor en los momentos grandes. Has respetado mi individualidad y, más aún , me has enseñado a no cometer tus errores invitándome a seguir tu camino de aciertos.

Pero, más que todo, me has enseñado a ser un hombre fiel, dedicado, responsable y justo.

Que suerte tengo de tener un padre como tú, un amigo, ¡el mejor de todos!

Luis Alberto García G.

Para tomar en cuenta...

Cuando mucho, disfruta la televisión dos horas al día.

ROGER PATRÓN LUJÁN

La felicidad se encuentra a lo largo del camino,
no sólo al final.

ANÓNIMO

Yo moriré, pero mi obra quedará.

HORACIO

No utilices acordeones en la escuela por que,
más adelante en la vida, no podrás usarlos.

GUSTAVO RODRÍGUEZ BERTH

Ser hombre...

No es nada más ser varón, simple individuo del sexo masculino.

Es hacer las cosas, no buscar razones
para demostrar que no se pueden hacer.

Es levantarse cada vez que se cae o se fracasa,
en vez de explicar por qué se fracasó.

Es ser digno, consciente de sus actos y responsable.

Es saber lo que se tiene que hacer y hacerlo,
lo que se tiene que decir y decirlo, y saber decir "no".

Es levantar los ojos de la tierra, es elevar el espíritu,
soñar con algo grande.

Es ser persona, es decir, alguien distinto y diferente de los demás.

Es ser creador de algo: un hogar, un negocio,
un puesto, un sistema de vida.

Es entender el trabajo no solamente como necesidad
sino también como privilegio y don que dignifica y enorgullece.

Es tener vergüenza de burlarse de una mujer,
de abusar del débil, de mentir al ingenuo.

Es comprender la necesidad de adoptar
una disciplina basada en principios sanos y sujetarse a ella.

Es comprender que la vida no es algo que se nos da ya hecho
sino la oportunidad para hacer algo.

Hombres de esta talla y de esta alcurnia necesita el mundo,
los reclama el mundo y los exige Dios.

Juan Luis Prado B.

¡Atreverse a levantar los ojos de la tierra,
es elevar el espíritu, soñar con algo grande!

¿Qué es servir?

Servir es sembrar, sembrar semilla buena.

No es preciso haberla recibido o cosechado,
ella mana, milagrosamente, de recónditas alforjas
del espíritu y del corazón.

Servir es sembrar siempre, siempre,
sin descanso, aunque sólo sean otros
los que recojan y saboreen las cosechas.

Servir es servir a todos y a cualquiera,
no preferentemente a quienes, a su vez,
puedan alguna vez servirnos.

Servir es mucho más que dar
con las manos algo que se tiene;
es dar con el alma lo que, tal vez,
nunca nos fue concedido.

Servir es distribuir afecto, bondad, cordialidad,
apoyo moral, así como ayuda material.

Servir es repartir alegría, estima, admiración, respeto,
gratitud, sinceridad, honestidad, libertad, justicia;
es infundir fe, optimismo, confianza y esperanza.

Servir es... en verdad,
dar más de lo que recibimos en la vida y de la vida.

Atribuido a Paul F. Schurman

Para tomar en cuenta...

Nadie puede hacer por los niños lo que hacen sus abuelos;
los abuelos rocían polvo de estrellas en la vida de los pequeños.

ANÓNIMO

La fe es una guía más firme que la razón;
la razón llega hasta determinado punto,
pero la fe no tiene límites.

BLASIE PASCAL

La fórmula para el fracaso: intenta complacer a todos.

DAVID SCOTT

La fe es creer en cosas,
cuando el sentido común te dice que no.

GEORGE SEATON

Al espejo

Cuando obtengas lo que quieres en tu lucha por ganancias,
y el mundo te haga rey por un día....

Simplemente ve el espejo, mírate a ti mismo
y ve lo que la imagen tiene que decirte.

No se trata de tu padre, madre, esposa o esposo,
por cuyo juicio debes pasar.

El veredicto de quien más cuenta en tu vida,
es el de quien te está mirando en el espejo.

Él es a quien debes satisfacer más que a todos los demás,
ya que él estará contigo hasta el final.

Y tú habrás pasado tu examen más difícil
si el hombre del espejo es tu amigo.

Tú puedes ser aquel que tuvo suerte,
entonces piensa que eres alguien maravilloso.

Pero el hombre del espejo dice que sólo eres un fanfarrón
si no puedes mirarlo a los ojos.

Puedes burlarte de todo el mundo a lo largo de los años
y obtener palmadas en la espalda al pasar.

Pero tu premio final será ataques cardiacos
y lágrimas si has engañado a la imagen del espejo.

Anónimo

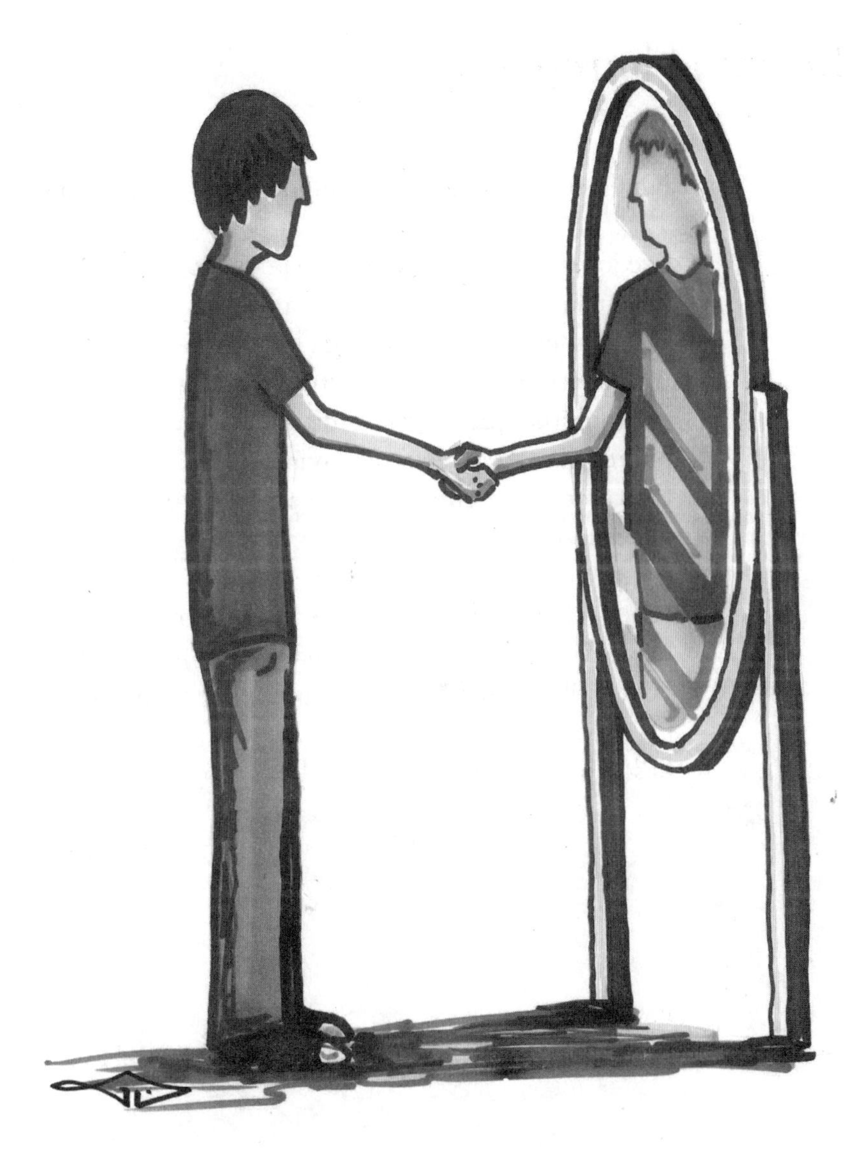

A él es a quien debes satisfacer más
que a todos los demás,
ya que él estará contigo hasta el final.

Y tú habrás pasado tu examen más difícil
si el hombre del espejo es tu amigo.

Juventud intrépida

¡Qué hermoso espectáculo, un jovenentusiasmado!

Ese joven no se detendrá en lo pequeño, apenas si verá lo malo, nunca caerá abatido por las dificultades, tendrá su mirada llena de felicidad y su corazón repleto de alegría y, rodeado por esa multitud que choca, se distrae y codea en pobres distracciones momentáneas, dará siempre la impresión de que ha venido para algo y anda buscando algo.

La juventud es algo más que ese periodo, tan breve como intenso, que media entre la niñez y la edad viril; es un estado del espíritu que algunos no conoceran nunca y que otros podrán conservar hasta los postreros límites de la vida.

Casal Castel

Para tomar en cuenta...

Sé feliz

Mira hacia atrás con fortaleza
y ve hacia delante con firmeza.

Sé feliz en el querer y sé alegre en el agradecer.

Encuentra la paz en el perdonar y la calma en el amar.

STEFANO TANASESCU MORELLI

Aprende a comprometerte con la vida,
a descubrir su valor.

ANÓNIMO

Un amigo es una persona
con la que se puede pensar en voz alta.

RUDOLF W. EMERSON

Alégrate

Si eres pequeño, alégrate,
porque tu pequeñez sirve de contraste a todos en el Universo;
porque esa pequeñez constituye la razón esencial de su grandeza;
porque para ser grandes, han necesitado que tú seas pequeño, como la montaña para culminar necesita alzarse entre las colinas, lomas, cerros.

Si eres grande, alégrate,
porque lo invisible se manifestó en ti de manera excelente;
porque eres un éxito del Artista Eterno.

Si eres sano, alégrate,
porque en ti las fuerzas de la naturaleza
han llegado a la ponderación y a la armonía.

Si eres enfermo, alégrate,
porque luchan en tu organismo fuerzas contrarias
que acaso buscan una resultante de belleza;
porque en ti se ensaya ese divino alquimista que se llama el dolor.

Si eres rico, alégrate,
por toda la fuerza que el Destino ha puesto en tus manos,
para que la derrames...

Si eres pobre alégrate,
porque tus alas serán más ligeras; porque la vida te sujetará menos;
porque el Padre realizará en ti, más directamente que en el rico,
el amable prodigio del pan cotidiano...

Alégrate si amas, porque eres más semejante a Dios que los otros.
Alégrate si eres pequeño, alégrate si eres grande;
alégrate si tienes salud; alégrate si la has perdido;
alégrate si eres rico; si eres pobre, alégrate;
alégrate si te aman; si amas, alégrate.

Alégrate si eres amado,
porque hay en esto una predestinación maravillosa.

Alégrate siempre, siempre, siempre.

Amado Nervo

Si eres pequeño, alégrate,
porque tu pequeñez sirve de contraste
a todos en el Universo

Oración de un padre

Dame, Señor,

un hijo que sea lo bastante fuerte para saber cuando es débil,
y lo bastante valeroso para enfrentarse a sí mismo
cuando sienta miedo.

Un hijo que sea orgulloso e inflexible en la derrota,
y humilde y magnánimo en la victoria.

Dame un hijo que nunca doble la espalda
cuando deba erguir el pecho.

Un hijo que sepa conocerte...
y conocerse a sí mismo, que es la piedra fundamental del conocimiento.

Condúcelo, te lo ruego, no por el camino cómodo y fácil,
sino por el camino áspero, aguijoneado por las dificultades
y los retos.

Y ahí, déjalo aprender a sostenerse firme en la tempestad,
siempre con ideas altas.

Un hijo que se domine a sí mismo antes de pretender
dominar a los demás; un hijo que avance hacia el futuro,
pero que nunca se olvide del pasado.

Dale humildad para que pueda recordar siempre la sencillez
de la verdadera grandeza, la imparcialidad de
la verdadera sabiduría y la mansedumbre de la verdadera fuerza.

Y después de lograr todo eso agrégale, te lo suplico,
suficiente sentido del humor, de modo que pueda ser siempre serio,
sin tomarse demasiado en serio.

Entonces yo, su padre, me atreveré a murmurar:
¡No he vivido en vano!

Atribuido a Douglas McArthur

Para tomar en cuenta...

Si todas las personas malas fueran negras
y todas la buenas blancas,

¿De que color serías tú?
...por que yo tendría la piel a rayas.

Anthony De Mello

Un amigo es un hermano que elegimos.

Francisco José Droz

Donde no hay amor, pon amor y recogerás amor.

Anónimo

No temas decir ¡No!

David Scout

En verdad te lo digo:
padre, me voy de tu casa...

Lo que te hizo falta

De adeveras te lo digo:
me voy, padre, de tu casa...

Lo digo así, *¡de tu casa!*
porque no la siento mía.

Porque aunque aquí he vivido
desde el día en que nací,
cuando empecé a comprender,
entendí que con nacer
no basta para ser hijo.

Por eso me voy,
y ¡gracias!, lo digo sinceramente.

Nada me faltó a tu lado,
ni la casa, ni la escuela,
ni el doctor, ni el juguete favorito,
ni la ropa que hoy me viste
o el coche que ayer usé...

Porque quiero —siempre quise—
algo más que no me diste.

Y tu abultada cartera, fuente siempre surtidora
de remedios materiales, nunca contuvo billetes
para comprar un minuto de tu atención necesaria,
de tu tiempo fundamental para ocuparte de mí.

Pensarás que fui un buen hijo porque nunca te enterabas:

¿Sabes que troné en la escuela?
¿Que terminé con mi novia?
¿Que corrí una borrachera en antros de mala nota?
¿Que hacía pinta en el colegio?
¿Que probé la marihuana?
¿Que robaba a mamá?

No, no lo sabes.

¡No hubo tiempo de pensar en cosas triviales!

Total, los adolescentes somos traviesos y flojos,
pero al hacernos hombres, enderezamos los pasos.

Pues no, padre, ¡no era el caso!

Y por toda mi delincuencia era un grito de llamada
al que jamás contestaste, ¡que quizá nunca oíste!

Por eso, si hoy me preguntas
en qué punto me fallaste,
sólo podría responderte:

Padre... ¡me fallaste!

¿Que qué voy a hacer? ¡Quién sabe!
¿A dónde iré? ¡Qué importa!

¿Dónde encontraré el dinero para pagar esta vida
a la que me has acostumbrado?

No puedes creer que viva sin aire acondicionado,
sin feria para la disco, sin las chicas, sin las fiestas;
sin un padre involucrado en industrias y en empresas,
que es importante en política y frecuenta altas esferas.

¿Que no he de vivir sin esto?
¿Que así mi vida está hecha?

¿Y quién dijo que era vida la estancia en esos salones
por los que sales y entras?

Pero nunca puedo verte ni decirte:
Padre, ¿hoy sí te quedas?

Nunca he vivido en tu casa, nunca ha sido vida ésta...

Ahora es que voy a vivir fuera de aquí, lejos de ti,
sin la esperanza vana de que vengas a mí, y nunca llegues.

Me voy, padre... tus negocios, en inversiones de amor,
se han ido a la bancarrota, y declaras tu quiebra
en el comercio de mi amor.

Pagaste caro,
y hoy pierdes casi toda la inversión.

Pero si sacas en venta
los pocos bienes que quedan
para salvar el negocio,
¡me propongo como socio!

Y, atiende bien a mi oferta,
que no habrá mejor postor:

Yo te compro, padre,
el tiempo que no tuviste
para dárselo a tu hijo.

Te compro, para gozarlo,
todo ese cariño inútil
que nunca supiste usar.

Pagaré bien por tu risa, tu palabra,
tu preocupación, tu celo y tu caricia.

Te los compro; escucha el precio porque,
aunque no sé de finanzas, podré ser buen comprador.

Y si te vendes para padre, ¡yo te pago con el corazón!

Javier Otero Rejón

Dices que soy la luz de tus ojos,
no me abandones en las tinieblas

Padre, ayúdame hoy

Dices que soy el futuro,
no me desampares en el presente.

Dices que soy la esperanza de la paz,
no me induzcas a la guerra.

Dices que soy la promesa del bien,
no me confíes al mal.

Dices que soy la luz de tus ojos,
no me abandones en la tinieblas.

No espero solamente que me des el pan,
dame también luz y entendimiento.

No deseo sólo la fiesta de tu cariño,
te pido amor y que me eduques.

No te ruego sólo juguetes,
te ruego buenos ejemplos y buenas palabras.

No soy simplemente un alguien en tu camino,
soy alguien que golpea a tu puerta en nombre de Dios.

Enséñame la labor y la humildad,
la devoción y el perdón.

Compadécete de mí y oriéntame para lo bueno y lo justo.

Corrígeme mientras soy niño, aunque sufra.

Ayúdame hoy para que mañana no te dé motivos para llorar.

Anónimo

Camino diario a la felicidad

Amar...
es el privilegio que Dios nos ha dado.

Leer...
es la fuente de la sabiduría.

Pensar....
es la fuente del poder.

Dar....
es la forma de recibir.

Reir....
es la música del alma.

Trabajar....
Es el camino del éxito.

Ahorrar...
Es el secreto de la seguridad.

Divertirse....
Es el secreto de la perpetua juventud.

Orar ...
Es el poder más grande sobre la Tierra.

Anónimo

Para tomar en cuenta...

Aprende a perdonar.

Roger Patrón Luján

Para recibir todo, uno debe abrir las manos y dar.

Taisen Deshimaru

Sólo quien sabe ser amigo puede tener amigos.

Emerson

Anima a la gente mayor, tenles paciencia
y subraya todo lo positivo que encuentres en ellos.

José Luis Martín Descalzo

Amistad verdadera

La amistad...

Tienes que buscarla, pero no en tiendas.

Tienes que comprarla, pero no con dinero.

Tienes que guardarla, pero no en un banco.

Si la encuentras, considérate afortunado.

Y, si es una amistad verdadera, ¡nunca la dejes ir!

B.R. Kelly

¡No!, cuando es ¡no!

Joven, el programa de tu vida debe incluir un ¡no!, cuando es ¡no!

¡No al egoísmo!

¡No a la injusticia!

¡No al placer sin moral!

¡No a la desesperanza!

¡No al odio y a la violencia!

¡No a los caminos sin Dios!

¡No a la mediocridad!

¡No a la irresponsabilidad!

Papa Juan Pablo II

¿Quién es un amigo?

Un amigo es alguien que te acepta como eres, pero te ayuda a ser mejor; es alguien que goza lo que a ti te gusta hacer, alguien que te levanta el ánimo, te ayuda a salir de un *yo* para formar un *nosotros*, es con quien puedes bromear y quien te recuerda al rezar.

Un amigo te quiere por lo que eres no por lo que tienes, es quien está seguro de ti y se acuerda de ti cuando está lejos.

Un amigo es quien se interesa por tus cosas aunque sean pequeñas, que comparte tu soledad y tristeza con su alegría y sonrisa, que trata de entenderte y te sigue queriendo pase lo que pase, hagas lo que hagas y no te juzga.

Un amigo se lanza a decirte la verdad aunque te duela, corre riesgos contigo, no te niega su ayuda y siempre está para ti.

Anónimo

Para tomar en cuenta...

Estudia, trabaja, cásate y sé como quieras, hijo mío,
siempre y cuando tus acciones conlleven
la alegría de vivir.

ROGER PATRÓN LUJÁN

Realiza cada acto de tu vida como si fuera el último.

MARCO AURELIO

Una verdad a medias es una mentira completa.

PROVERBIO JUDÍO

Un hombre sabio sabe cuando ha cometido
el mismo error dos veces.

DAVID SCOTT

En fin, el hombre está donde termina la tierra;
la mujer, donde comienza el cielo.

El hombre y la mujer

El hombre es la más elevada de las criaturas;
la mujer, el más sublime de los ideales.

El hombre es el cerebro, la mujer el corazón;
el cerebro fabrica la luz; el corazón el amor;
la luz fecunda, el amor resucita.

El hombre es fuerte por la razón;
la mujer es invencible por las lágrimas;
la razón convence, las lágrimas conmueven.

El hombre es capaz de todos los heroísmos;
la mujer, de todos los martirios;
el heroísmo ennoblece, el martirio sublima.

El hombre es un código; la mujer es un sagrario;
el código corrige, el sagrario perfecciona.

El hombre es un templo; la mujer es un santuario;
ante el templo nos descubrimos,
ante el santuario nos arrodillamos.

El hombre piensa; la mujer sueña;
pensar es tener en el cráneo una larva,
soñar es tener en la frente una aureola.

El hombre es un océano; la mujer es un lago;
el océano tiene la perla que adorna;
el lago, la poesía que deslumbra.

El hombre es el águila que vuela;
la mujer es el ruiseñor que canta;
valor es dominar el espacio,
cantar es conquistar el alma.

En fin, el hombre está donde termina la tierra;
la mujer, donde comienza el cielo.

Atribuido a Víctor Hugo

Papá

Entre más humano te veo, papá, ¡más te quiero!
me gusta que tu risa me acompañe cuando río,
me gusta ver que tú corres cuando corro,
me gusta saber que tú eres mío
porque así yo no sufro cuando lloro.

Me gusta oír tu risa cuando ríes,
porque eso me da mucha confianza;
saber que tú eres tan humano como yo,
eso para mí, si es de importancia.

Sentirte como yo, de carne y hueso,
saber que tú eres capaz de levantarte,
eso para mí, es la vida.

Quisiera verte como padre y amigo
para ponerme a platicar contigo.

He logrado saber de tus desvelos
y te he visto pensando en mi futuro,
ahora sé que de tanto que me quieres
tú sufres más que yo cuando eres duro.

Papá... linda palabra
me enseñaste a decir cuando era niño
y hoy me gusta decirla con cariño.

Anónimo

Para tomar en cuenta...

Un amigo es un faro, su luz nos guía.

Roger Patrón Lujan

Hay seres tan cansados de la vida,
que ya no pueden otorgar sonrisas.

Démosle a ellos una de las nuestras,
porque no hay nadie que más las necesite
que aquellos que ya no tienen sonrisas que ofrecer.

Amado Nervo

Todo arte y toda ciencia, como toda acción y proyecto,
deben tener algún bien por objeto.

Aristóteles

Los individuos juegan el partido,
pero los equipos ganan el campeonato.

Patriotas de Nueva Inglaterra
(Equipo de futbol)

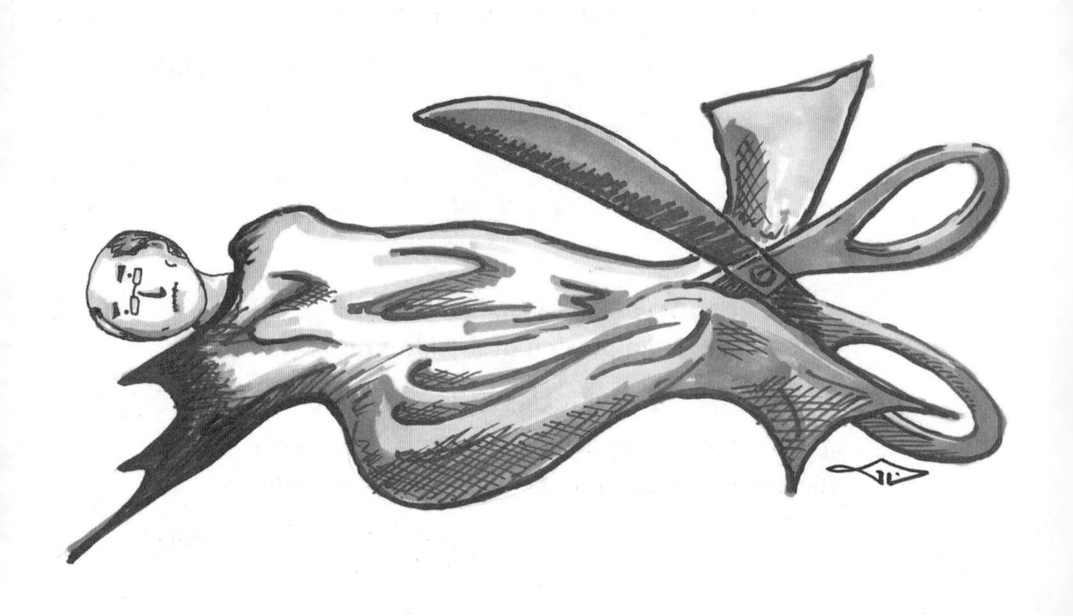

...guardar la mitad de la cobija
para cuando tú ya seas un viejo
y vayas a vivir a mi casa.

Media cobija

Don Roque era ya un anciano cuando murió su esposa.

Durante largos años había trabajado con ahínco para sacar adelante a su familia.

Su mayor deseo era ver a su hijo convertido en un hombre de bien, respetado por los demás, ya que para lograrlo dedicó su vida y su escasa fortuna.

A los setenta años, Don Roque se encontraba sin fuerzas, sin esperanzas, solo y lleno de recuerdos.

Esperaba que su hijo, ahora brillante profesionista, le ofreciera su apoyo y comprensión pero, al pasar los días sin que éste apareciera, decidió pedir por primera vez en su vida un favor a su hijo.

Don Roque tocó la puerta de la casa donde vivía el hijo con su familia.

—¡Hola papá!, que milagro que vienes por aquí!

—Ya sabes que no me gusta molestarte, pero me siento muy solo; además, estoy cansado y viejo.

—Pues a nosotros nos da mucho gusto que vengas avisitarnos, ya sabes que ésta es tu casa.

—Gracias hijo, sabía que podía contar contigo, pero temía ser un estorbo. Entonces, ¿no te molestaría que me quedara a vivir con ustedes? ¡Me siento tan solo!

—¿Quedarte a vivir aquí? Si...claro... pero no sé si estarías a gusto.
Tú sabes, la casa es chica... mi esposa es muy especial... y luego los niños...

—Mira hijo, si te causo muchas molestias, olvídalo.
No te preocupes por mí, alguien me tenderá la mano.

—No padre, no es eso. Sólo que... no se me ocurre dónde podrías dormir. No puedo sacar a nadie de su cuarto, mis hijos no me lo perdonarían... o sólo que no te moleste...

—¿Qué?

—Dormir en el patio...

—¿Dormir en el patio? Está bien.

El hijo de Don Roque llamó a su hijo Luis, de doce años.

—Dime, papá.

—Mira hijo, tu abuelo se quedará a vivir con nosotros. Tráele una cobija para que se tape en la noche.

—Sí, con gusto.... Y, ¿dónde va a dormir?

En el patio, no quiere que nos incomodemos por su culpa.

Luis subió por la cobija, tomo unas tijeras y la cortó en dos.

En ese momento llegó su padre.

—¿Qué haces Luis? ¿Por qué cortas la manta de tu abuelo?

—Sabes, papá, estaba pensando...

—¿Pensando en qué?

—En guardar la mitad de la cobija para cuando tú ya seas un viejo y vayas a vivir a mi casa.

Anónimo

Para tomar en cuenta...

La gran ambición de las mujeres es inspirar amor.

MOLIERE

Quien es su propio amigo, es amigo de todos.

SÉNECA

Lo más importante que he aprendido en la vida
es a estar satisfecha con lo que tengo y apreciarlo.

ERIKA FRISCH

Al mantener la mente abierta,
estoy segura de que aprenderé algo nuevo cada día.

JODIE CAROL

No te des por vencido

No te des por vencido, ni aún vencido;
ni te sientas esclavo, ni aún esclavo;
trémulo de pavor, piénsate bravo,
y arremete feroz, ya malherido.

Ten el tesón del clavo enmohecido,
que ya viejo y ruin vuelve a ser clavo;
no la cobarde intrepidez del pavo
que amaina su plumaje al primer ruido.

Procede como Dios que nunca llora;
o como Lucifer, que nunca reza;
o como el robledal, cuya grandeza
necesita del agua y no la implora...

Que muerda y vocifere vengadora,
ya rodando en el polvo tu cabeza.

Pedro B. Palacios Almafuerte

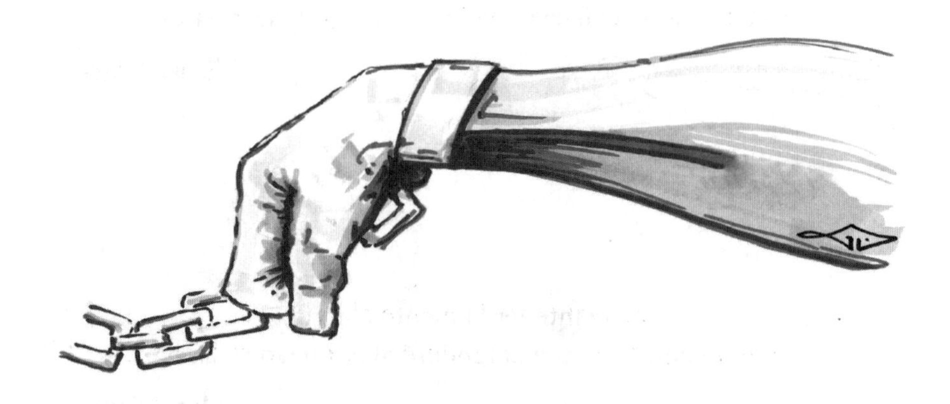

ni te sientas esclavo, ni aún esclavo...
y arremete feroz, ya malherido

Deja los estallidos de cólera

Con las palabras de la ira podrías llenar un libro bien grueso;
con las de la afabilidad, apenas una página.

La demanda de palabras insultantes parece inagotable.

¡Y cuánto dañan a la salud!

Cuando te pones furioso,
las manos se te convierten sin querer en puños,
la voz se te hace estridente,
el corazón pisa el acelerador
y los músculos se te ponen tensos.

Psicológicamente te dispones a pelear.

Fisiológicamente se te derrama adrenalina por todo el cuerpo.

La presión sanguínea se te remonta...
y no hablemos de una sarta de secuelas perniciosas.

Si quieres vivir mucho tendrás que racionar la ira.

Enfurecerse con alguien es de suyo cosa mala;
pero enfurecerse con dos al mismo tiempo es cosa peligrosa.

Phil Bosmans

¡Vuelve a empezar!

Aunque sientas el cansancio,

aunque el triunfo te abandoné,

aunque el error te lastime,

aunque quiebre un negocio,

aunque una traición te hiera,

aunque el dolor queme tus ojos,

aunque una ilusión se apague,

aunque ignoren tus esfuerzos,

aunque la ingratitud sea la paga,

aunque la incomprensión corte tus risas,

aunque todo parezca nada...

¡Vuelve a empezar!

Anónimo

Para tomar en cuenta...

Hay una mujer que, mientras vive,
pocas veces la sabemos apreciar;
pero después de muerta,
daríamos todo lo que tenemos
por mirarla de nuevo un solo instante,
por recibir de ella un solo abrazo:
ella es nuestra madre.

Anónimo

Un gran hombre es el que no pierde su corazón de niño.

Mencio

La constancia no está en empezar, sino en perseverar.

Leonardo Da Vinci

Sé que Dios tiene un plan ...
enseñarnos lo que debemos saber.

Toni Fulco

Misión cumplida

"¡Tú no me quieres!"

¿Cuántas veces nos han hecho nuestros hijos este reproche?

Un día, cuando los míos estén en edad de comprender los motivos de una madre, les diré:

> Te quise tanto, que cada vez que salías te importunaba preguntándote a dónde ibas y a qué hora volverías.
>
> Te quise tanto como para quedarme callada y dejar que tú mismo te dieras cuenta de que tu amigo era un sinvergüenza.
>
> Te quise tanto, que te supervisaba dos horas mientras limpiabas tu cuarto, cuando hacerlo yo me habría llevado quince minutos.
>
> Te quise tanto como para no cuidarme de lo que hacían o decían las demás madres. Te quise tanto, que te dejé tropezar, caer, lastimarte y fracasar. Te quise tanto como para aceptarte como eres y no como yo quería que fueras.
>
> Sobre todo, te quise tanto como para decir "no" aunque me odiaras por ello.

Algunas madres no saben cuándo termina su trabajo.

Se engañan creyendo que, cuanto más tiempo se quedan sus hijos con ellas, mejores madres son.

Para mí, los hijos son como los papalotes. Una se pasa la vida tratando de hacerlos volar. Corre con ellos hasta que una y otros se quedan sin aliento... se estrellan... una les pone una cola más larga. Los remienda y los consuela, les hace ajustes y los forma con sus enseñanzas, y les asegura que un día volarán.

Por fin remontan el vuelo, pero necesitan más cuerda y una sigue soltándola.

Con cada vuelta del carrete el papalote se aleja más, y una sabe que esa hermosa criatura pronto cortará la cuerda que la une a nosotras y seguirá elevándose libre y sola.

Es entonces cuando una sabe que ha cumplido con su misión.

Erma Bombeck

Para mí, los hijos son como los papalotes

Una se pasa la vida tratando de hacerlos volar. Corre con ellos hasta que una y otros se quedan sin aliento... se estrellan... una les pone una cola más larga

A mi hijo

Hijo mío:

Si quieres amarme, bien puedes hacerlo,
tu cariño es oro que nunca desdeño.

Mas quiero que sepas que nada me debes,
soy ahora el padre, tengo los deberes.

Nunca en la alegría de verte contento,
he trazado signos de tanto por ciento.

Mas ahora, mi niño, quisiera avisarte,
mi agente viajero llegará a cobrarte.

Presentará un cheque de cien mil afanes,
será un hijo tuyo, gota de tu sangre.

Y entonces, mi niño,
como un hombre honrado,
en tu propio hijo deberás pagarme.

Anónimo

Para tomar en cuenta...

Aprende a vivir sin resentimiento.

ROGER PATRÓN LUJÁN

Todo amor y toda amistad dejan huella en tu camino.

ANÓNIMO

Lo importante es estar dispuesto,
en cualquier momento,
a dejar de ser lo que se es
para ser alguien mejor.

ANÓNIMO

Aunque no quieras admitirlo,
nueve de diez veces tu mamá estaba en lo cierto.

DAVID SCOTT

Carta a un joven

Comienzas la vida en tiempos difíciles.

Hay en la historia marcas ascendentes que llevan hacia el éxito hasta a los más débiles nadadores. Tu generación nada contra corriente en un mar tempestuoso.

Es duro. En poco tiempo te sentirás sofocado, desesperado por alcanzar la orilla. ¡Tranquilízate!

Antes de ti ha habido quienes han encontrado olas tan altas y no han sido sumergidos. Con destreza y coraje podrás sostenerte hasta la próxima bonanza.

Una vez vencedor, no olvides que las victorias humanas no son, nunca, mas que parciales y temporales. Nada en los negocios de este mundo puede quedar resuelto para siempre. No hay ningún triunfo que determine el lejano porvenir.

Ningún tratado fija para mucho tiempo las relaciones entre las naciones o sus fronteras. Ninguna revolución establece una sociedad eternamente dichosa.

Guárdate de esperar que un hombre, o una generación, tengan derecho, una vez cumplida su tarea, a perezosas beatitudes. La etapa de la vida no se termina mas que cuando la noche cae.

No creas que la naturaleza humana pueda ser súbitamente transformada porque una doctrina, una clase o una raza haya triunfado sobre las otras. El hombre es un bruto que fue erguido lentamente por los filósofos y los sacerdotes, domado por las ceremonias y los ritos. Sería arrojarlo al salvajismo, renegar de las creencias y hábitos cuyas virtudes el tiempo ha probado.

Los únicos progresos verdaderos son los de las costumbres.
Ellos no son durables salvo si son lentos.
No tengas prisa.

Fortunas y renombres que arrancan de momento, en un instante mueren. Yo te deseo obstáculos, luchas.
La batalla se endurecerá.

Hacia los cincuenta o sesenta años adquirirás ese aspecto vigoroso y rudo de las viejas rocas batidas por las tempestades.

Toma el amor en serio... Sé modesto y atrevido.

Amar, pensar, trabajar, mandar todas estas acciones es difícil y, en el curso de tu existencia terrestre, no llegarás a hacer ninguna de ellas de modo tan perfecto como tu adolescencia lo ha soñado.

Pero, por arduas que puedan parecer, no son, sin embargo, imposibles.

Antes de ti, innumerables generaciones de hombres las han llevado a cabo y, mal o bien, esos hombres han atravesado, entre desiertos de sombra, la estrecha zona de luz de la vida.

André Maurois

Tu generación nada contra corriente
en un mar tempestuoso. Es duro.

En poco tiempo te sentirás sofocado,
desesperado por alcanzar la orilla.

Un hombre con éxito

Un hombre de éxito sólo trabaja en lo que le gusta
y hace lo que piensa que está bien.

No hace todo lo que quiere, sino lo que ama
y le produce satisfacción, a condición
de no dañar a otros.

El éxito auténtico se alcanza trabajando con
honradez y respeto por los valores morales.

Disfruta con las cosas más simples:
tomar un helado, devorar una torta,
servirse unos tacos de flauta,
sentarse en una banca para mirar pasar a la gente,
recrearse con el aroma de las madreselvas floridas
y el zigzagueo luminoso de las luciérnagas.

El hombre de éxito no pierde jamás
la capacidad de soñar o de imaginar.

Octavio Colmenares Vargas

Para tomar en cuenta...

Algo importante que he aprendido en la vida
es ayudar a mi padre y a mi madre.

KRISTINA HANSEN

Un amigo es aquel que sabe siempre
el momento en que se le necesita.

JULES RENARD

Perdonar es haber aprendido a amar.
Perdonar es un acto personal.
Perdonar es vivir en paz consigo mismo.

IRENE FOHRI

¿Qué sabiduría más grande puedes encontrar que la amabilidad?

JEAN JAQUES ROUSSEAU

Para tu juego más importante

Toma el balón, hijo mío, y te nombro *quarter back*
de tu equipo en el juego de la vida.

Soy tu *coach* y te lo doy tal como es.
Solo hay un calendario de juegos:
dura toda la vida y es un solo juego.
Es un partido largo, sin tiempos fuera ni sustituciones.
Tu juegas el partido entero toda la vida.

Tendrás un gran *backfield* y mandarás señales;
pero tus otros tres compañeros,
atrás de la línea, también tienen gran prestigio,
se llaman: fe, esperanza y caridad.

Jugarás detrás de una línea verdaderamente poderosa.

De un extremo se hallan: honestidad, lealtad,
estudio, devoción al deber, limpieza,
respeto a ti mismo y buena conducta.

Los postes del gol son las perladas puertas del cielo.
Dios es el *referee* y único árbitro.
Él hace todas las reglas y no hay apelación contra ellas.

Hay diez reglas básicas:
tú las conoces como los Diez Mandamientos,
y las aplicas directamente de acuerdo con tu propia religión.

Hay también una regla fundamental:
Lo que tu quisieras que otros hicieran por ti, hazlo tú por ellos.

En este juego, si llegas a perder el balón,
pierdes también el juego.
Aquí está el balón.
Es tu alma inmortal que debes estrechar contra ti.

Ahora, hijo mio, ¡sal al campo y veamos que puedes hacer!

Atribuido a Vince Lombardi

Toma el balón, hijo mío,
y te nombro *quarter back*
de tu equipo en el juego de la vida.

La vida es una oportunidad

La vida es una oportunidad ...	¡aprovéchala!
La vida es belleza...	¡admírala!
La vida es dicha...	¡saboréala!
La vida es sueño...	¡hazlo realidad!
La vida es un reto...	¡afróntalo!
La vida es un deber...	¡cúmplelo!
La vida es un juego...	¡juégalo!
La vida es valiosa...	¡cuídala!
La vida es riqueza...	¡consérvala!
La vida es amor...	¡gózala!
La vida es un misterio...	¡devélalo!
La vida es una promesa...	¡lógrala!
La vida es tristeza...	¡supérala!
La vida es un himno...	¡cántalo!
La vida es un combate...	¡acéptalo!
La vida es una tragedia...	¡enfréntala!
La vida es una aventura...	¡arróstrala!
La vida es suerte...	¡persíguela!
La vida es preciosa.......	¡no la destruyas!
La vida es la vida...	¡defiéndela!

Madre Teresa De Calcuta

Para tomar en cuenta...

Un verdadero amigo es como un buen libro:
el contenido es mejor que la cubierta.

ROGER PATRÓN LUJÁN

Lo que más contribuye a hacernos felices es dar felicidad a otros.

A. BOTTACH

Siempre se tiene tiempo suficiente
cuando se emplea como es debido.

WOLFGANG GOETHE

Todos nosotros, aunque sea una sola vez en la vida,
debemos ayudar a quien nos necesite.

Si no lo haces tú.... ¿entonces quién?
Si no es ahora... ¿cuándo?

EL TALMUD

El funeral fue una experiencia macabra.

Vi a todos mis parientes y amigos
acercarse a la caja mortuoria...

¡Por favor, que alguien me despierte!

Por favor, Dios mío... ¡sólo tengo 17 años!

El día de mi muerte fue tan común como cualquier otro día de clases.

Hubiera sido mejor regresarme como siempre en el autobús, pero me molestaba el tiempo que tardaba en llegar a casa.

Recuerdo la mentira que le conté a mamá para que me prestara su automóvil; entre los muchos ruegos y súplicas, dije que todos mis amigos manejaban y que consideraría un favor especial que me lo prestara.

Cuando sonó la campana de las 2:30 de la tarde para salir de clases, eché los libros al pupitre porque estaría libre hasta el otro día a las 8:40 de la mañana; corrí eufórico al estacionamiento a recoger el auto, pensando sólo en que iba a manejarlo a mi libre antojo.

¿Cómo sucedió el accidente? Eso no importa. Iba a exceso de velocidad, me sentía libre y gozoso, disfrutando el correr del auto.

Lo último que recuerdo es que rebasé a una anciana, pues me desesperó su forma tan lenta de manejar. Oí el ensordecedor ruido del choque y sentí un tremendo sacudimiento... Volaron fierros y pedazos de vidrio por todas partes; sentía que mi cuerpo se volteaba al revés y escuché mi propio grito.

De repente desperté.

Todo estaba muy quieto y un policía estaba parado junto a mí. También vi a un doctor. Mi cuerpo estaba destrozado y ensangrentado, con pedazos de vidrio encajados por todas partes. Cosa rara, no sentía ningún dolor.

"¡Hey! No me cubran la cabeza con esa sábana.
¡No estoy muerto, sólo tengo 17 años!

Además, tengo una cita por la noche.
Todavía tengo que crecer y gozar de la vida...
¡No puedo estar muerto!"

Después me metieron en una gaveta.
Mis padres tuvieron que identificarme.
Lo que más me apenaba es que me vieran así, hecho añicos.

Me impresionaron los ojos de mi mamá cuando tuvo que enfrentarse a la más terrible experiencia de su vida.

Papá envejeció en un instante, cuando le dijo al encargado del anfiteatro: "Si... éste es mi hijo".

El funeral fue una experiencia macabra.
Vi a todos mis parientes y amigos acercarse a la caja mortuoria.

Pasaron uno a uno con los ojos entristecidos; algunos de mis amigos lloraban, otros me tocaban las manos y sollozaban al alejarse.

> "¡Por favor, que alguien me despierte!
> ¡Sáquenme de aquí!"

No aguanto ver inconsolables a papá y mamá.

La aflicción de mis abuelos apenas les permite andar...
mis hermanas y hermanos, como muñecos de trapo.
Pareciera que todos estuvieran en trance.
Nadie quiere creerlo, ni yo mismo.

> "¡Por favor, no me pongan en la fosa!"

Te prometo Dios mio que si me das otra oportunidad seré el más cuidadoso del mundo al manejar.

Solo quiero una oportunidad más.

"Por favor, Dios mio..... ¡sólo tengo 17 años!"

Michael Lee Poling
En memoria de Jimmy Rowe

Para tomar en cuenta...

Siempre nos sorprendemos por el progreso
que se obtiene al hacer bien las cosas sencillas.

JACKSON BROWN, JR.

La prudencia no evita todos los males;
pero la falta de ella nunca deja de atraerlos.

LINGREE

Escucha el consejo de los mayores.

ANÓNIMO

Hacer un amigo... es un don.
Tener un amigo... es una gracia.
Conservar un amigo... es una virtud.
Ser un amigo... es un honor.

STEFANO TANASESCU MORELLI
Dedicado especialmente a Joaquín Vargas Gómez

El mundo busca hombres y mujeres...

El mundo busca hombres y mujeres
...que no se vendan.
...que sean honrados,
sanos desde el centro hasta la periferia.

...que sean íntegros hasta el fondo del corazón.

...de conciencia fija e inmutable,
como la aguja que señala el Norte.

...que defiendan la razón,
aunque los cielos caigan y la tierra tiemble.

...que digan la verdad sin temor al mundo.
...que no se jacten ni huyan, que no flaqueen ni vacilen.

...que tengan valor sin necesidad de acicate.
...que sepan lo que hay que decir y lo digan.
...que sepan cuál es su puesto y lo ocupen.

...que conozcan su trabajo y su deber, y lo cumplan.

...que no mientan, ni se escurran ni rezonguen.

...que quieran comer sólo lo que han ganado.
...que no deban lo que llevan puesto.

O. Sweet

El mundo busca hombres y mujeres
...que no se vendan
...que sean honrados,
sanos desde el centro hasta la periferia.

Los obstáculos en nuestro camino

Hace mucho tiempo, un rey colocó una gran roca en un camino para obstaculizarlo; entonces se escondió y miró para ver si alguien quitaba la tremenda roca.

Algunos de los comerciantes más adinerados del rey y algunos cortesanos pasaron y simplemente le dieron la vuelta.

Muchos culparon al rey ruidosamente de no mantener los caminos despejados, pero ninguno hizo algo para sacar la gran piedra del camino.

Entonces llegó un campesino; llevaba una carga de verduras.

Al aproximarse a la roca, puso su carga en el piso y trató de mover la roca a un lado del camino.

Después de empujar y fatigarse mucho, lo logró.

Mientras recogía su carga de vegetales, él notó una cartera en el piso, justo donde había estado la roca; la cartera contenía muchas monedas de oro y una nota del mismo rey indicando que el oro era para la persona que removiera la piedra del camino.

El campesino aprendió lo que los otros nunca entendieron.

Cada obstáculo presenta una oportunidad para mejorar la condición de uno; si alguna vez caes, levántate y sigue adelante.

Anónimo

Para tomar en cuenta...

Recibe cada día con alegría y simpatía.

ROGER PATRÓN LUJÁN

Si haces algo agradable a alguien,
no se lo recuerdes en el futuro.

DAVID SCOTT

Si quieres conseguir grandes progresos,
sé fuerte y resiste la influencia de las personas
poco esperanzadas que te rodean.

ANÓNIMO

Todo aquello que la mente del hombre
puede concebir y creer, lo que puede lograr.

NAPOLEÓN HILL

No pierdas valor

Un reconocido orador inició su seminario sosteniendo un billete de doscientos pesos en su mano y preguntó a su auditorio:

—¿Alguien quiere este billete?— varias personas levantaron la mano. Entonces les dijo:

—¿Alguno de ustedes recibirá este billete, pero antes voy a hacer algo. Tomó el billete y lo oprimió hasta arrugarlo, luego volvió a preguntar si alguien todavía lo quería.

Las manos del auditorio se mantenían arriba.

—Bien —dijo el orador— ¿y si hago esto? —Tiró el billete al suelo y comenzó a pisarlo. Después lo recogió, sucio y maltrecho, y volvió a preguntar si todavía lo querían.

Las manos continuaban arriba.

—Amigos míos —comentó el orador— han aprendido una valiosa lección: No importa lo que le hice al billete, ustedes todavía lo quieren porque su valor no disminuyó, todavía vale doscientos pesos.

Muchas veces en nuestra vida somos derribados, maltratados; mordemos el polvo debido a las decisiones que tomamos y a las circunstancias que encontramos en nuestro camino.

Entonces nos sentimos como si ya no valiéramos nada.

Pero no importa lo que les haya pasado o pueda pasar, ustedes nunca perderán su valor, igual que el billete de doscientos pesos.

Siempre serán lo que son y valdrán lo que valen por ustedes mismos.

El secreto de la felicidad no está en hacer siempre lo que se quiere, sino en querer siempre lo que se hace.

Anónimo

Muchas veces en nuestra vida
somos derribados, maltratados;
mordemos el polvo debido
a las decisiones que tomamos
y a las circunstancias
que encontramos en nuestro camino.

Entonces nos sentimos
como si ya no valiéramos nada.

Secretos

Acércate a los demás.

Admite siempre la posibilidad
de que los demás sean algo más listos que tú.

Acepta consejos,
mas sé tú quien toma la decisión.

Se honrado hasta el punto de parecer escrupuloso.

Haz amigos y trátalos con respeto.

Evita darte por vencido.

Apela al sentido común,
cuando no sepas como actuar.

Anónimo

Para tomar en cuenta...

Vivir sin amigos, no es vivir.

CICERÓN

. Todo corazón que ha latido con fuerza y júbilo ha dejado tras de sí
un impulso de esperanza en el mundo
y mejorando la tradición de la humanidad.

ROBERT L. STEVENSON

La gloria del hombre bueno
es el testimonio de la buena conciencia.

TOMÁS DE KEMPIS

Espero que nazcas con los puños cerrados
y mueras con las manos abiertas.

ARTURO ACOSTA CASTRO

Aprendí y decidí

Y así, después de esperar tanto, un día como cualquier otro decidí ver cada problema como la oportunidad de encontrar una solución, decidí no esperar las oportunidades sino yo mismo buscarlas; decidí ver cada desierto como la oportunidad de encontrar un oasis, decidí ver cada noche como un misterio a resolver, decidí ver cada día como una nueva oportunidad de ser feliz.

Aquel día descubrí que mi único rival no era mas que mis propias debilidades, y que en éstas, está la única y mejor forma de superarnos, aquel día dejé de preocuparme por perder y empecé a no ganar, descubrí que no era yo el mejor y que quizá nunca lo fui, me dejó de importar quién ganara o perdiera, ahora me importa simplemente saberme mejor que ayer.

Aprendí que lo difícil no es llegar a la cima,
sino jamás dejar de subir.

Aprendí que el mejor triunfo que puedo tener,
es tener el derecho de llamar a alguien "Amigo".

Descubrí que el amor es más que un simple estado de enamoramiento, "el amor es una filosofía de vida".

Aquel día dejé de ser un reflejo de mis escasos triunfos pasados y empecé a ser mi propia tenue luz del presente;
aprendí que de nada sirve ser luz,
si no vas a iluminar el camino de los demás.

Aquel día decidí cambiar tantas cosas...
aquel día aprendí que los sueños
son solamente para hacerse realidad,
desde aquel día ya no duermo para descansar...
ahora simplemente duermo para soñar.

Walt Disney

Aprendí que lo difícil
no es llegar a la cima,
sino jamás dejar de subir

Intimidad emocional

Este pilar habla de la comunicación profunda de todos los sentimientos, al hablar con el corazón, al exteriorizar dudas, temores, ambiciones, sueños, preocupaciones, alegrías, penas; al confesar los yerros del presente y del pasado al descubrir ante la persona amada el lado oculto (y desconocido por otros) de nuestro ser.

La intimidad emocional es confianza absoluta, complicidad, integración, alianza.

La verdad es el común denominador entre dos personas con intimidad emocional.

Saben darse su lugar el uno al otro, saben demostrarse aprecio sin límites.

La comunión profunda les permite no volver a sentirse solos, le da sentido a su mundo interior, propicia la formación de un universo exclusivo y; finalmente, cuando se alejan, piensan y hablan bien de su pareja.

Carlos Cuauhtémoc Sánchez

Para tomar en cuenta...

No tomes tan a pecho algún comentario,
mirada o ademán; tú solo te deprimes.

RICARDO PARDO PATRÓN

No hay problema tan pequeño que no se pueda ver,
ni tan grande que no se pueda resolver.

No hay problema, por más grande,
que no se pueda afrontar, ni resolución,
por más pequeña, que no se pueda tomar.

No hay problema tan pequeño
que no pueda mirarse venir,
ni tan grande que no pueda verse ir.

STEFANO TANASESCU MORELLI

Toda la gente sonríe en el mismo lenguaje.

MORRIS MANDEL

Papá, ¿cuánto ganas?

—Papá, ¿cuánto ganas por hora? —con voz tímida y ojos de admiración, un pequeño recibía así a su padre al término de su trabajo.

El padre dirigió un gesto severo al niño y repuso:

—Mira hijo, esos informes ni tu madre los conoce.
No me molestes, que estoy cansado.

—Pero papá —insistía— dime por favor, ¿cuánto ganas por hora?

La reacción del padre fue menos severa. Sólo contestó:

—200 pesos la hora.

—Papá, ¿me podrías prestar cien pesos? —preguntó el pequeño.

El padre lleno de cólera y tratando con brusquedad al niño, dijo:

—Así que ésa era la razón de saber lo que gano.
Vete a dormir y no me molestes, muchacho aprovechado.

Había caído la noche.
El padre meditó sobre lo sucedido y se sintió culpable.
Tal vez su hijo quería comprar algo.
Para descargar su conciencia dolida, se asomó al cuarto de su hijo.
Con voz baja pregunto al pequeño.

—¿Duermes, hijo?

—Dime papá —respondió entre sueños.

—Aquí tienes el dinero que me pediste —respondió el padre.

—Gracias papá —contestó el pequeño. Y metiendo su mano bajo la almohada, saco unos billetes arrugados.

—¡Ahora ya completé, papá! Tengo 200 pesos
¿Podrías venderme una hora de tu tiempo?

Anónimo

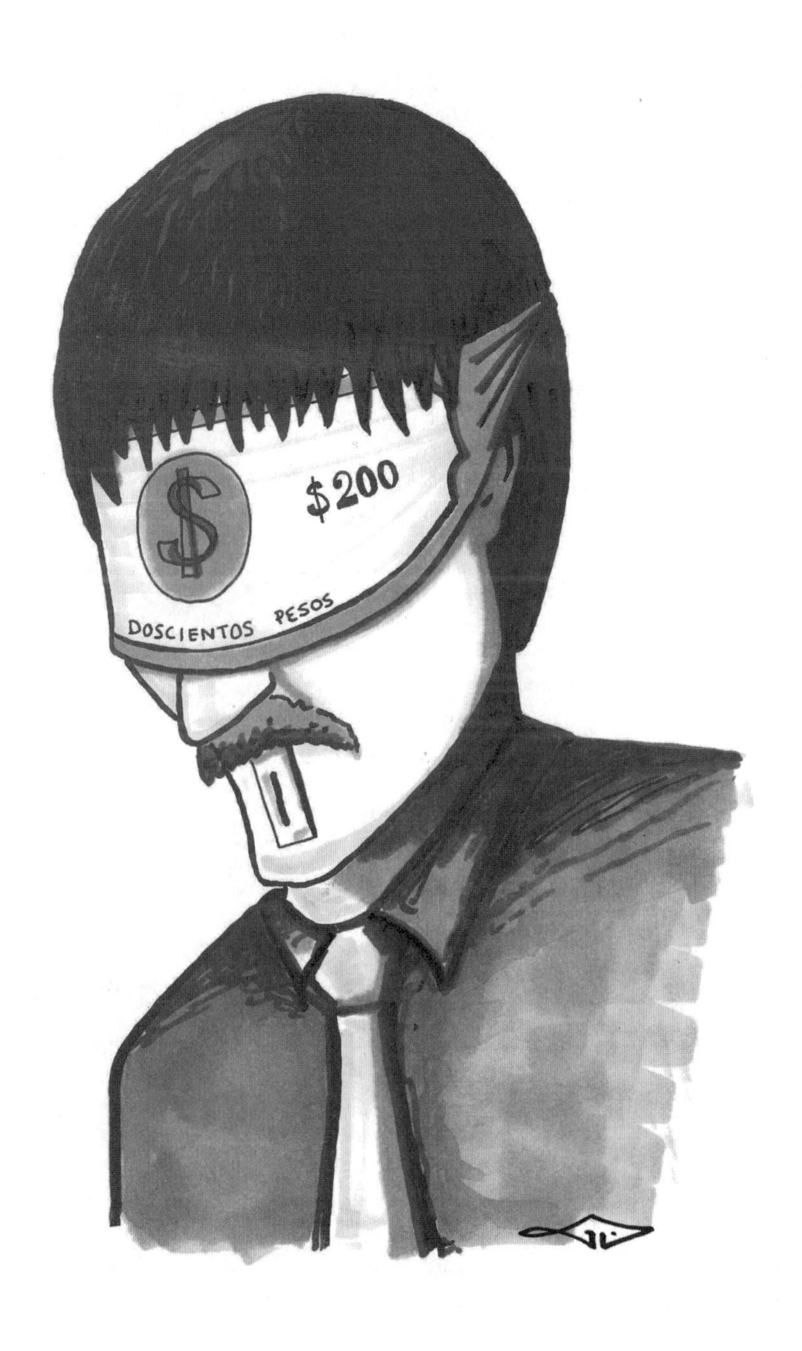

Tengo 200 pesos.
¿Podrías venderme una hora de tu tiempo?

Regala

A tu enemigo:
el perdón.

A tu oponente:
la tolerancia.

A tu amigo:
el corazón.

A tus clientes:
el servicio.

A tu prójimo:
el amor.

A los niños:
el buen ejemplo.

A ti mismo:
el respeto.

A Dios:
la vida.

Anónimo

Para tomar en cuenta...

El primer factor importante para triunfar: el optimismo.

ROGER PATRÓN LUJÁN

El amor es lo único que te hace madurar,
tomar forma, llegar a ser tú mismo.

ANÓNIMO

Ser joven es tener ideales y luchar hasta lograrlos,
es soñar en el futuro por el que se trabaja en el presente,
es tener siempre
algo que hacer, algo que crear, algo que dar.

ANÓNIMO

El mejor regalo que podremos dar a otra persona
es nuestra íntegra atención.

RICHARD MOSS

Todo lo aprendí en el jardín de niños

Todo lo que es necesario saber para vivir, como hacer y cómo ser, lo aprendí en el jardín de niños.

La sabiduría no se encuentra al final de la maestría universitaria, sino en el arenero de la escuela.

Ésto es lo que aprendí:

comparte todo;
juega limpio;
no golpees a las personas;
pon las cosas donde las encontraste;
limpia tu tiradero;
no tomes lo que no te pertenece;
pide perdón cuando lastimes a alguien;
lávate las manos antes de comer;

¡jálale!

¡pan caliente y leche fría son buenos para ti!

Vive una vida equilibrada y,

aprende algo,
piensa algo,
dibuja,
pinta,
canta,
baila,
juega,
y trabaja cada día un poco.

Duerme una siesta por las tardes.

Cuando salgas al mundo, pon atención,
tómate de las manos y permanece unido.

¡Maravíllate!

Toma cualquiera de estos puntos y aplícalos al sofisticado mundo de los adultos y a tu vida familiar, a tu trabajo y al gobierno, y verás que son una verdad clara y firme.

¡Piensa qué clase de mundo tendríamos
si todas las personas se comportaran así!

Robert Fulghum

Todo lo que es necesario saber para vivir,
cómo hacer y cómo ser, lo aprendí en el jardín de niños.

Madurar es opcional

El primer día en la universidad nuestro profesor se presentó y nos pidió que procuráramos llegar a conocer a alguien a quien no conociéramos todavía.

Me puse de pie y miré a mi alrededor, cuando una mano me tocó suavemente el hombro. Me di la vuelta y me encontré con una viejita arrugada cuya sonrisa le alumbraba todo su ser.

—Hola, buen mozo. Me llamo Rosa. Tengo ochenta y siete años.
¿Te puedo dar un abrazo?

Me reí y le contesté con entusiasmo:

—¡Claro que puede! Ella me dió un abrazo muy fuerte.

—¿Por qué está usted en la universidad a una edad tan temprana, tan inocente? —le pregunté. Riéndose, contestó:

—Estoy aquí para encontrar un marido rico, casarme, tener unos dos hijos, y luego jubilarme y viajar.

—Se lo digo en serio —le dije. Quería saber qué le había motivado a ella a afrontar ese desafío a su edad.

—Siempre soñé con tener una educación universitaria y ahora la voy a tener —me dijo.

Después de clases caminamos al edificio de la asociación de estudiantes y compartimos un batido de chocolate.

Nos hicimos amigos enseguida. Todos los días durante los tres meses siguientes salíamos juntos de la clase y hablábamos sin parar. Me fascinaba escuchar a esta *"máquina del tiempo"*.

Ella compartía su sabiduría y experiencia conmigo.
Durante ese año, Rosa se hizo muy popular en la universidad; hacía amistades a donde iba. Le encantaba vestirse bien y se deleitaba con la atención que recibía de los demás estudiantes.

Se lo estaba pasando de maravilla.

Al terminar el semestre invitamos a Rosa a hablar en nuestro banquete de futbol. No olvidaré nunca lo que ella nos enseñó en esa ocasión.

Luego de ser presentada, subió al podio. Cuando comenzó a pronunciar el discurso que había preparado de antemano, se le cayeron al suelo las tarjetas donde tenía los apuntes.

Frustrada y un poco avergonzada se inclinó sobre el micrófono y dijo simplemente:

—Disculpen que esté tan nerviosa. Dejé de tomar cerveza por cuaresma y, ¡este whisky me está matando! No voy a poder volver a poner mi discurso en orden, así que permítanme simplemente decirles lo que sé.

Mientras nos reíamos, ella se aclaró la garganta y comenzó:

> "No dejamos de jugar porque estamos viejos;
> nos ponemos viejos porque dejamos de jugar.
> Hay sólo cuatros secretos para mantenerse joven,
> ser feliz y triunfar.
>
> Tenemos que reír y encontrar el buen humor todos los días.
> Tenemos que tener un ideal.
>
> Cuando perdemos de vista nuestro ideal,
> comenzamos a morir.
>
> ¡Hay tantas personas caminando por ahí que están muertas
> y ni siquiera lo saben!
>
> Hay una gran diferencia entre ponerse viejo y madurar.
>
> Si ustedes tienen diecinueve años y se quedan en la cama
> un año entero sin hacer nada productivo se convertirán en
> personas de veinte años.

Si yo tengo ochenta y siete años y me quedo en la cama por un año sin hacer nada tendré ochenta y ocho años.

Todos podemos envejecer.

No se requiere talento ni habilidad para ello.

Lo importante es que maduremos encontrando siempre la oportunidad en el cambio.

No me arrepiento de nada. Los viejos generalmente no nos arrepentimos de los que hicimos sino de lo que no hicimos.

Los únicos que temen a la muerte son los que tienen remordimientos".

Terminó su discurso cantando "La Rosa". Nos pidió que estudiáramos la letra de la canción y la pusiéramos en práctica en nuestra vida diaria.

Rosa terminó sus estudios. Una semana después de la graduación Rosa murió tranquilamente mientras dormía.

Más de dos mil estudiantes universitarios asistieron a las honras fúnebres para rendir tributo a la maravillosa mujer que les enseñó con su ejemplo que:

"Nunca es demasiado tarde para llegar a ser todo lo que se puede ser".

No olviden que:

"Envejecer es obligatorio, madurar es opcional".

Anónimo

Nunca es demasiado tarde
para llegar a ser todo lo que se puede ser

No olviden que:
Envejecer es obligatorio, madurar es opcional

El éxito

El éxito consiste en amar la vida,
ser amigo de sí mismo,
no tomarse demasiado en serio
y conservar el buen humor.

Vivir en el aquí y en el ahora,
pero saber voltear a las estrellas
y esperar un Dios.

No hablar mucho,
ser receptivo y aprendiz.

Contar con buenos amigos,
disfrutar de los que se tiene,
y de las personas de cualquier edad.

Gozar de la belleza,
la música y la lluvia;
cumplir con gusto
la misión que se ha elegido;
ser honesto, participar,
entregarse y también ser independiente,
cuidando del mundo; correr riesgos,
cometer errores, ser amable,
ayudar a otros en la medida que se requiere
¡y contagiar entusiasmo!

Doménico Cieri Estrada

Para tomar en cuenta...

Lo difícil es lo que puede hacerse inmediatamente;
lo imposible es lo que toma un poquito más de tiempo.

George Santayana

Aprende tu himno nacional, cántalo con cariño
y respeta el himno de otra nación.

Sylvia Herrera Gallegos

Hoy es el primer día del resto de mi vida.

Anónimo

Cumple lo que prometes.

Roger Patron Luján

Pequeños hijos del mundo

Si en ocasiones descubren que no está el cuerpo de sus padres durmiendo junto a ustedes, y sienten miedo, frío o deseos de llorar, no teman, su corazón está ahí.

El cuerpo es tan sólo un recipiente que Dios, la fuerza que nos ha creado, nos presta para depositar nuestro corazón.

Los padres lo han partido en pedacitos para sembrarlos en cada uno de ustedes, abonando esa tierra limpia que es su alma. Esa alma que también fue creada por Dios y donde verán crecer cosas bellas y maravillosas. Ahí dentro de ustedes también encontrarán a mamá y papá, quienes jamás se irán.

Y cuando crezcan y sean más grandes y más fuertes, caminarán solos sin que nadie los pueda dañar, porque estarán seguros de sentir el grandísimo amor de sus padres, que cada uno guarda dentro de su alma. De nada serviría que sólo tuvieran la presencia física de papá y mamá, porque cuando crezcan y no los puedan abrazar, el primer huracán los tirará.

Sin embargo, si con fuerza se abrazan internamente, podrán jugar siempre con el viento y, cuando se haya ido la tormenta, se levantarán erguidos y más fuertes y sabrán con cuánto amor los aman sus padres.

Por que los padres no son lo que pueden ver ni lo que pueden tener, ni lo que pueden darles ni lo que pueden hacer por ustedes.

Los padres son el calor que hay en sus brazos cuando los abrazan, la ternura con la que acarician su pelo, la fuerza que siembran en su alma y el valor que les dan al sentir miedo con la fe en el espíritu que Dios les puso adentro.

Si alguna vez mis pequeños vuelven a sentir miedo, frío o soledad, y en la oscuridad buscan a papá y mamá, y ellos no están: cierren los ojos, respiren profundo, piensen en Dios y en sus padres, recordando la última vez que los besaron, y sentirán todo ese amor que hay en su corazón.

Y así verán que nunca más, volverán a sentir que están solos.

Atribuido a Maria Eugenia Cisneros

Pequeños hijos del mundo.
Si alguna vez mis pequeños
vuelven a sentir miedo, frío o soledad...

Tres aspectos que cultivar

Me preguntaron si las drogas habían sido un problema en mis días y lo que pienso al respecto.

Mencionaron que algunos de sus amigos les dicen que las drogas les dan un inmenso sentimiento de bienestar y que no dañan a nadie; de hecho, que incluso animan el espíritu.

No había un problema verdadero de drogas en mi juventud.

El alcohol era un problema menor, pero no las drogas.

No voy a sermonearlos acerca del daño de las drogas y lo que sucede con cada tipo de adicción. Ya saben que perdemos nuestra libertad y llegamos a ser sus víctimas. Preferiría hablar de lo que conduce hacia las drogas, ese sentido de vacío, esa necesidad de tener experiencias más profundas y emocionantes —aun si están fuera de control y resultan muy peligrosas.

Hay, y siempre ha habido, un deseo en las personas por algo más allá de lo meramente "humano", un deseo de lograr lo que los filósofos llaman "hacer historia" – ir más allá de uno mismo.

Me gustaría sugerirles tres aspectos positivos que en su vida deben cultivar desde el comienzo de la adultez, que les evitarán caer en las drogas:

Interesarse en los deportes para integrar lo físico al todo.

Apreciar y valorar el arte, la música, la buena arquitectura y, especialmente, la buena literatura.

Tener una estrecha relación con Dios.
Todos podemos imaginar la emoción que éstos nos brindarían.

Atribuido a Rembert G. Weakland

Para tomar en cuenta...

Haz un poco más de lo que crees poder hacer.

ROGER PATRÓN LUJÁN

Cuando hagas un trabajo, no importa lo que sea,
hazlo empleando tus mejores habilidades.

DAVID SCOTT

El mejor amigo es el que avisa a su amigo
cuando se extravía y lo devuelve al camino.

ERPENIO

El deseo de ganar es importante,
pero el deseo de prepararse es vital.

JOE PATERNO

El naufragio

El único sobreviviente de un naufragio fue visto sobre una pequeña e inhabitada isla del Caribe.

Él oraba fervientemente, pidiendo a Dios que lo rescatara; y todos los días revisaba el horizonte buscando ayuda, pero ésta nunca llegaba.

Cansado de las lluvias y el intenso calor, edificó una pequeña cabañita para protegerse, construyó también una serie de herramientas para facilitarse la vida. En un rincón levantó un pequeño altar donde colocó una pequeña vela echa de manteca de puerco espín; iluminaba ésta sus esperanzas y suplicaba a Dios por que pronto lo rescataran.

Un día, después de andar buscando comida, regresó y encontró la pequeña choza en llamas, todo estaba siendo devorando por el fuego, las llamas subían hacia el cielo, y con ellas, todas sus esperanzas.

Estaba confundido, y enojado con Dios, llorando le gritaba:

—Señor, ¿cómo pudiste hacerme esto? Me separaste de mi familia y me has quitado lo único que me quedaba, ¿qué quieres de mi Señor?

Agotado de tanto llorar se quedó dormido sobre la arena. En la mañana del día siguiente, lo despertó el fuerte sonido de un barco que se acercaba a la isla. Venían a rescatarlo.

—¿Cómo sabían que estaba aquí? — Les cuestionó a los marineros y un rescatador le contestó:

—Vimos las señales de humo que nos hiciste, las llamas resplandecian a kilómetros mar adentro, no se como lograste atizar ese fabuloso fuego.

Es fácil enojarse cuando las cosas van mal, pero no debemos de perder la fe, porque Dios está trabajando en nuestras vidas, en medio de las penas y el sufrimiento.

Dios hará cosas en tu vida, que no te gusten, pero Él te da lo que más te conviene.

Recuerda la próxima vez que tu pequeña choza se queme...

Puede ser simplemente una señal que surge de la Gracia de Dios.

Anónimo

...Un día, después de andar buscando comida,
regresó y encontró la pequeña choza en llamas,
todo estaba siendo devorando por el fuego,
las llamas subían hacia el cielo,
y con ellas, todas sus esperanzas.

Rompecabezas

A mis catorce años de vida, me he dado cuenta de que existen dos cosas importantes:

La soledad y la fe.

Muchos dirán que esto es muy abstracto, que tiene algo de maniático, pero yo pienso que no.

Por eso he tratado de formar el rompecabezas de la soledad.

Pero al armarlo no hallo más que tristeza y un mundo frívolo, ardiendo en dolor, sin sentido de la vida; un mundo único que a veces se encuentra sin querer.

También estoy tratando de formar el rompecabezas de la fe.

De éste ya llevo más de la mitad y en él veo claramente lo que yo esperaba: un mundo donde la soledad no interviene, porque en el gran rompecabezas de la fe están la paz y la eterna compañía de Dios.

Ana Paola Martín Moreno

Para tomar en cuenta...

Mira películas que te hagan reír
o de las que puedas aprender algo bueno.

Roger Patrón Luján

Lo peor de los problemas
es que, generalmente, comienzan como diversión.

David Scott

Las grandes obras no se ejecutan con la fuerza
sino con la perseverancia.

Samuel Jonson

Lo más importante que he aprendido en la vida
es: ser honesto y trabajar duro.

Paul Volcker

Palabras

Un grupo de ranas viajaba por el bosque y de repente, dos de ellas cayeron en un hoyo profundo.

Todas las demás ranas se reunieron alrededor del hoyo. Cuando vieron cuan hondo era el hoyo, le dijeron a las dos ranas en el fondo que para efectos prácticos, se debían dar por muertas.

Las dos ranas no hicieron caso a los comentarios de sus amigas y siguieron tratando de saltar fuera del hoyo con todas sus fuerzas.

Las otras ranas seguían insistiendo que sus esfuerzos serían inútiles.

Finalmente, una de las ranas puso atención a lo que las demás decían y se rindió. Se desplomó y murió.

La otra rana continuó saltando tan fuerte como le era posible.

Una vez más, la multitud de ranas le gritaba y le hacían señas para que dejara de sufrir y que simplemente se dispusiera a morir, ya que no tenía caso seguir luchando.

Pero la rana saltó cada vez con más fuerza hasta que finalmente logró salir del hoyo.

Cuando salió, las otras ranas le dijeron: "nos da gusto que hayas logrado salir, a pesar de lo que te gritábamos".

La rana les explicó que era sorda y que pensó que las demás la estaban animando a esforzarse más y salir del hoyo.

Una palabra destructiva dicha a alguien que se encuentre desanimado puede ser que lo acabe por destruir.

¡Tengamos cuidado con lo que decimos!

Anónimo

La rana les explicó que era sorda
y que pensó que las demás la estaban animando
a esforzarse más y salir del hoyo.

¡Aléjate del alcohol y de las drogas!

Tuve oportunidad de conocer a Paco, un joven que purga una condena por asalto y lesiones en un reclusorio de la Ciudad de México. Conversando con él me platicó las causas de su vida delictiva, todas ligadas a la drogadicción y al alcoholismo.

Cuando se enteró de que soy autor de libros de superación personal, me pidió, más bien me suplicó, que a través de mis escritos diera un mensaje a los niños y jóvenes de nuestro país.

Su mensaje es muy simple pero muy profundo, y ojalá pudiera yo expresarlo con el mismo sentimiento con que Paco lo hizo.

Su mensaje es:

> "¡Aléjate del alcohol y de las drogas!...
> para que no termines en la cárcel como yo,
> para que no eches a perder tu vida
> por tonterías."

Luis Castañeda

Para tomar en cuenta...

No hay que levantar la voz, sino el pensamiento.

ROGER PATRÓN LUJÁN

Haz todo lo bien que puedas,
todas las veces que puedas,
en todos los lugares que puedas,
durante todo el tiempo que puedas...

¡Y no lo menciones!

JOHN WESLEY

Cuando hables con alguien, interésate en ellos
en vez de que hagas que ellos se interesen en ti.

DAVID SCOTT

Trata siempre de que la otra persona se sienta importante.

DALE CARNEGIE

Sorpresas escondidas

Me preguntan si creo que el sexo informal es malo.

Dado que no creo que haya una moralidad para la mujer y otra para el hombre, les contestó a ambos: "No creo que exista el sexo informal".

Para mí esas palabras no pueden usarse juntas; es como hablar de un diamante barato o de una película aburrida de *Charles Chaplin*.

Para mí, fusionarse es dar a alguien el regalo más grande que se tiene y que, en cierto sentido, jamás puede ser recuperado. Como es nuestro propio cuerpo el que damos, es un regalo en que tenemos control, algo que es realmente nuestro.

No puedo imaginar cómo a este regalo se le podría llamar *informal*. Recibir un regalo de este tipo tampoco puede ser informal.

Cuando nos damos tan plenamente estamos diciendo quiénes somos y deberíamos estar diciendo lo que pensamos y sentimos de la persona a quien nos damos... En mi adolescencia escuchaba a muchachos presumir acerca de sus logros sexuales.

En una sociedad que tendía a premiar las habilidades escolares y deportivas, y en donde ellos no sobresalían, su sexualidad los hacía sentirse superiores.

Era la forma de ser alguien. Después vi que muchas eran sólo palabras. La sexualidad es un poder y con ello va mucha responsabilidad.

Tener relaciones sexuales no puede compararse con las cosas informales que hacemos, sino con el regalo más preciado que podamos soñar para dar a la persona que más amamos.

En la poca asesoría que he dado en mi vida, he conocido a tantas personas jóvenes verdaderamente maravillosas que desearían —demasiado tarde —haber tenido el valor para decir "¡no!" la primera vez...

Recuerden que hay millones de aspectos de la personalidad y de la vida de cada uno ¡con muchas sorpresas escondidas! para explorarse, sin involucrarse en el fuerte compromiso del sexo.

Rembert G. Weakland

Recuerden que hay millones de aspectos
de la personalidad y de la vida de cada uno
¡con muchas sorpresas escondidas!
para explorarse, sin involucrarse
en el fuerte compromiso del sexo.

Súplica de una madre

Hijo:

no te estanques jamás, quiero que triunfes.

Supérate a ti mismo día tras día, instrúyete, trabaja, nunca digas "mañana", en el momento, nunca digas "después", puede ser tarde, cada día se aprende algo nuevo.

Deja huella al morir; nunca te apagues, quiero que siempre brilles, que destaques; que cumplas tu misión en esta vida, que no vivas en vano, te lo ruego, es muy triste el que acaba siendo nadie.

Lucha hasta el final. No te conformes con: "ya tengo bastante, es suficiente".

Dios te dio inteligencia, úsala.

Dios te dio corazón, pues ama.

Cada esfuerzo es un triunfo y un triunfo satisface.

Sé hombre de verdad, no simple hombre, aprende a hacer el bien, que te respeten, que seas a los demás siempre agradable, que si te quiera la gente, no te crezcas, el orgullo envilece y hasta ciega.

Señálate una meta: el Cielo, que el camino a seguir Dios te lo dice y así podrás reír y contagiar a otros, así podrás amar y ser amado; cualquier carga la sentirás ligera, si te enseñas a dar sin recibir siquiera.

Así te quiero ver, hecho, crecido, en plena madurez, hombre deveras.

Para verte entonces con orgullo y exclamar satisfecha: ¡es mi hijo!

Elsa Parrao de Hoyos

Para tomar en cuenta...

Los grandes ideales y principios no viven
de generación en generación sólo porque son correctos,
ni porque han sido legislados cuidadosamente.

Los ideales y principios continúan
de generación en generación sólo cuando se construyen
en el corazón de los niños conforme crecen.

GEORGE S. BENSON

Ser feliz es una manera de ser sabio.

ANÓNIMO

Reprende al amigo en secreto y alábalo en público.

LEONARDO DA VINCI

Agradece al Creador cada día.

ROGER PATRÓN LUJÁN

El florero de porcelana

El Gran Maestro y el Guardián se dividían la administración de un monasterio zen. Cierto día, el Guardián murió y fue preciso substituirlo.

El Gran Maestro reunió a todos los discípulos para escoger quién tendría la honra de trabajar directamente a su lado.

—Voy a presentarles un problema —dijo el Gran Maestro— y aquél que lo resuelva primero, será el nuevo Guardián del templo.

Terminado su corto discurso, colocó un banquito en el centro de la sala. Encima estaba un florero de porcelana, seguramente carísimo, con una rosa roja que lo decoraba.

—Éste es el problema —dice el Gran Maestro—resuélvanlo.

Los discípulos contemplaron perplejos el "problema", por lo que veían los diseños sofisticados y raros de la porcelana, la frescura y la elegancia de la flor.

¿Qué representaba aquello? ¿Qué hacer? ¿Cuál sería el enigma?

Pasó el tiempo sin que nadie atinase a hacer nada salvo contemplar el "problema", hasta que uno de los discípulos se levantó, miró al maestro y a los alumnos, caminó resolutamente hasta el florero y lo tiró al suelo, destruyéndolo.

—¡Al fin alguien lo hizo! —exclamó el Gran Maestro—, empezaba a dudar de la formación que les hemos dado en todos estos años, usted es el nuevo Guardián.

Al volver a su lugar el alumno, el Gran Maestro explicó:

—Yo fui bien claro: dije que ustedes estaban delante de un "problema".
No importa cuán bello y fascinante sea un problema, tiene que ser eliminado.

Un problema es un problema; puede ser un florero de porcelana muy caro, un lindo amor que ya no tiene sentido, un camino que precisa ser abandonado, por más que insistimos en recorrerlo porque nos trae confort.

"Solo existe una manera de lidiar con un problema" ...atacándolo de frente.

En esas horas, no se puede tener piedad ni ser tentado por el lado fascinante que cualquier conflicto acarrea consigo.

Recuerda que un problema, es un problema. No tiene caso tratar de "acomodarlo" y darle vueltas, si al fin y al cabo ya no es otra cosa más que "un problema".

Déjalo, hazlo a un lado y continúa disfrutando de lo hermoso y lo que vale la pena en la vida.

No huyas de él... ¡acaba con él!

Anónimo

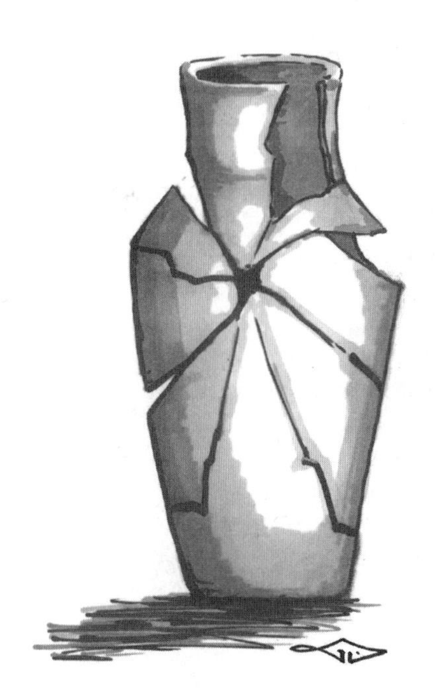

Un problema es un problema;
puede ser un florero de porcelana muy caro,
un lindo amor que ya no tiene sentido,
un camino que precisa ser abandonado.

Tres cosas

Se ennoblece la vida.

Cultivando tres cosas:
la bondad, la sabiduría y la amistad.

Buscando tres cosas:
la verdad, la filosofía y la comprensión.

Amando tres cosas:
la caballerosidad, el valor y el servicio.

Gobernando tres cosas:
el carácter, la lengua y la conducta.

Apreciando tres cosas:
el honor, los amigos y los débiles.

Admirando tres cosas:
el talento, la dignidad y la gracia.

Excluyendo tres cosas:
la ignorancia, la ofensa y la envidia.

Practicando tres cosas:
el trabajo, la lealtad y la justicia.

Combatiendo tres cosas:
la mentira, el ocio y la calumnia.

Conservando tres cosas:
la salud, el prestigio, y el buen humor.

Amancay

Amor puro y verdadero

Quiero decirte que el "amor" del que tu hablas
es diferente del amor que hasta ahora conozco.

Como adolescente, he conocido amores
que no esperan nada a cambio
y con un alto sentido
de responsabilidad y entrega.

Conozco el amor de mis padres y abuelos,
de mis hermanos y amigos,
de mis tíos y educadores...
y de Dios.

Por ello, la "prueba de amor"
que tu pides es para mí algo opuesto
al amor puro y verdadero.

Si me amas aguarda al día en que estemos unidos.

Molika Al Mad

Carta a mi hijo

Más que a ti, amado hijo, quiero escribir mi carta al hombre que nació después de mí, al reciente, al que como tú se apresta a cruzar la distancia entre nacer y morir.

Quiero decirte tantas cosas, que no podría acabar en mis jornadas.

Quiero decirte, por ejemplo, que no me gustaría que retomaras mi camino, que tropezaras con mi sombra o que te aposentaras en donde lo estoy yo.

Que jamás vuelvas la mirada, porque la nostalgia suele arredrar al caminar. Este mundo, compuesto por una gama de valores de escoria, te recibe esperanzado.

Tu tendrás que convivir con todos ellos, desde el imbécil hasta el inteligente; desde el pacifista hasta el beligerante; desde el magnánimo hasta el pusilánime y sólo a estos recursos puedes apelar: la inteligencia, la razón y el amor.

Jamás te exigiré lo que nunca fui capaz de hacer; es tu vida y a nadie más le pertenece.

Naciste libre y quiero dejarte en plena libertad de realizarte: ése será mi compromiso; el tuyo, apreciar la libertad y practicarla.

Esta sociedad digiere todo, pero es mejor luchar que permanecer indiferente.

El hombre que trasciende es por su obra, que se da cuando se actúa conforme a la mente, el espíritu y la voluntad; es decir, razonando y actuando.

Yérguete y desde tu cima extiende la mirada y escudriña el horizonte y, cuando hayas encontrado tu sendero, emprende cuando quieras ese viaje, que yo desde aquí te despediré agitando las manos, movidas por el corazón.

Andrés Alejandres H.

Quiero decirte, por ejemplo,
que no me gustaría
que retomaras mi camino,
que tropezaras con mi sombra
o que te aposentaras en donde lo estoy yo.

Sé veraz

Sé veraz, hijo mío, porque todas las cosas que valen en la vida se conquistan así.

En el vivir más hondo, sólo hay una verdad inabdicable en su anhelo de ser.

Nada cuesta en la vida tanto como decir una simple verdad; mas siempre es necesario a nuestro propio oído decirnos fervorosos una verdad más onda.

Es la única forma de iniciar ese hombre que en nosotros anhela persistir.

La verdad es el cauce por donde corre el río de límpida corriente que llamamos *vivir.*

Oscar Monroy Rivera

No busques en la droga

No busques en la droga
lo que no tienes en casa,
mejor busca en la vida
ahí hay fe y esperanza.

No busques en la droga
de la realidad fugarte
ni tampoco te sientas valiente
por utilizar estupefacientes;
mejor entra a la razón
y ve que el corazón
de cada persona a tu alrededor
esta lleno de amor y de ilusión,
dispuesta a ayudarte;
es aquí donde debes apoyarte
y verás que puedes salir adelante.

No busques en la droga
ser mejor que los demás,
mejor enséñales que sin ella
aprendes mucho más.

No busques en la droga
una mejor manera de vivir,
por que esto no es así
y aunque no te des cuenta,
cuando menos sientas
ésta acabará con tu existir y dime:

¿Para que te sirvió vivir?

Felipe Iván Romero Álvarez

Felicidad

La felicidad, no tiene que ver con lo que
nos pasa; tiene que ver con la forma
como percibimos lo que nos pasa.

Es el don de encontrarle lo positivo
a todo lo negativo y de ver un
inconveniente como un reto.

Si podemos dejar de desear lo que no
tenemos, empezar a gozar de lo que sí
tenemos, nuestra vida puede ser más rica,
más realizada y más feliz.

El momento de ser felices es... ¡Ahora!

Lynn Peters

La vida

La vida no es tener un promedio, no es cuánta gente te llama y no es quien es tu novio, lo fue o no lo ha sido.

No es a quien has besado, el deporte que juegas o que chico o chica que te gusta.

No es tus zapatos o tu cabello o el color de tu piel o donde vives o la escuela donde vas.

De hecho, no es los diplomas, el dinero, la ropa ni las escuelas que aceptes o no.

La vida no es si tienes amigos o si estás solo y no es qué tan aceptado o rechazado seas. La vida no es eso.

La vida es a quien amas y a quien lastimas, es cómo te sientes acerca de ti mismo.

Es confianza, alegría y compasión.
Es apoyar a tus amigos y sustituir odio por amor.
Es lo que dices y lo que quieres decir.
Es mirar a la gente por lo que es y no por lo que tiene.

Es evitar celos, sobreponerse a la ignorancia y construir confianza.

Sobre todo, es escoger tu vida para tocar a alguien en la forma que nadie antes lo había hecho.

¡Esto es lo que la vida es!

Anónimo

El espejo

Cuando era un niño pequeño, durante la guerra, éramos muy pobres y vivíamos en un pueblo lejano.

Un día, en el camino, encontré los pedazos de un espejo roto. Una motocicleta alemana había chocado en ese lugar.

Intenté encontrar todos los pedazos del espejo y ponerlos juntos, pero no fue posible, por eso sólo guardé el pedazo más grande. Al tallarlo con una piedra, lo hice redondo.

Empecé a jugar con él como un juguete y se hizo algo fascinante porque podía reflejar luz en los lugares oscuros donde el sol nunca brillaría, en hoyos profundos y clósets oscuros. Se tornó en un juego para mí el llevar luz a los lugares más inaccesibles que pude encontrar.

Guardé el espejito y conforme crecí lo tomaba en momentos de ocio y seguía con el juego.

Conforme me hice hombre, me di cuenta de que no era sólo un juego infantil, sino una metáfora de lo que debía hacer de mi vida. Llegué a entender que no soy la luz ni la fuente de luz; sino luz —verdad, comprensión, conocimiento— está ahí y brillará en muchos lugares sólo si la reflejo.

Soy un fragmento de un espejo cuyo diseño completo y forma no conozco.

Sin embargo con lo que tengo puedo reflejar la luz en lugares oscuros de este mundo, en los lugares negros del corazón del hombre y cambiar algunas cosas en algunas personas. Quizá algunos puedan ver y hacer de la misma manera.

Esto es lo que soy.

Esto es el significado de mi vida.

Anónimo

Consejos para el nuevo milenio

Ten en cuenta que el gran amor y los grandes logros requieren grandes riesgos.

Cuando pierdes, no pierdes la lección.

Sigue las tres R:

Respeto a ti mismo.
Respeto para los otros.
Responsabilidad sobre todas tus acciones.

Recuerda que no conseguir lo que quieres,
a veces significa un maravilloso golpe de suerte.

Aprende las reglas,
así sabrás como romperlas apropiadamente.

No permitas que una pequeña disputa
destruya una gran amistad.

Cuando creas que has cometido un error,
haz algo inmediatamente para corregirlo.

Ocupa algo de tiempo cada día en estar sólo.
Abre tus brazos al cambio, pero no olvides tus valores.
Recuerda que a veces el silencio es la mejor respuesta.

Vive una buena y honorable vida, así cuando seas mayor y mires hacia atrás, podrás disfrutarla por segunda vez.

Una atmósfera amorosa en tu casa es el cimiento para tu vida.

En discusiones con alguien querido, ocúpate sólo de la situación actual, no saques a relucir el pasado.

Comparte tu conocimiento,
es una manera de conseguir inmortalidad.

Sé considerado con la Tierra.

Una vez al año, ve a algún lugar en el que nunca hayas estado antes. Recuerda que la mejor relación es aquella en la que el amor por cada uno excede la necesidad por el otro.

Juzga tu éxito según lo que has sacrificado para conseguirlo.

Acércate al amor y a la cocina con osada entrega.

Dalai Lama

Ocupa algo de tiempo cada día en estar sólo.

Un hombre vale mucho

¿Eres un hombre?

Entonces di "¡no!", cuando no quieras tomar o cuando llegue
el momento de negarse a beber una más.

El ser muy hombre no es averiguar quien aguanta más,
sino no tomar una sola copa más cuando hay riesgos.

Las copas de más no son salud, son disgustos,
accidentes, problemas, fracasos.

El ser muy hombre no es valer por lo que se tiene,
ni por lo que se toma, es ¡valer por lo que se es!

El ser muy hombre no es inducir o manipular
para que otros tomen o hagan algo que los dañe.

El ser muy hombre es saber aconsejar, ayudar,
auxiliar, cumplir, perdonar y pedir perdón.

El ser muy hombre es ser responsable consigo mismo,
con la familia, con la sociedad y con la vida.

El ser muy hombre es aceptar que...

¡Un hombre vale mucho y por ello debe respetarse a sí mismo!

Anónimo

El trabajo es un privilegio

Alégrate de contar con un trabajo que te da la oportunidad de:

ofrecer lo mejor a tu familia,
realizarte como ser humano,
disfrutar de la vida,
ser mejor cada día,
perfeccionar tus habilidades,
aplicar tus conocimientos,
desarrollar tu potencial,
alcanzar las metas de tu empresa,
contribuir a la productividad,
hacer productos de calidad
y cooperar...
con el engrandecimiento de tu país.

Por ello, afirma con entusiasmo, cada día de tu vida:

¡El trabajo es un privilegio!

Roger Patrón Luján

Procura imprimir...

Procura imprimir en la memoria estos preceptos:

No propales tus pensamientos ni ejecutes nada inconveniente.

Sé sencillo, pero no en modo vulgar.

Los amigos que escojas y cuya adopción hayas puesto a prueba, sujétalos a tu alma con garfios de acero, pero no encallezcas tu mano con agasajos a todo camarada recién salido del cascarón.

Guárdate de andar en pendencia, pero una vez en ella, obra de modo que sea el contrario quien se guarde de ti.

Presta a todos tus oídos, pero a pocos tu voz.

Que tu vestido sea tan costoso como tu bolso lo permita, pero sin afectación en la hechura; rico , pero no extravagante; porque el traje revela al sujeto y, en Francia, las personas de más alto rango y posición son en ésto, modelo de finura y esplendidez.

No pidas ni des prestado a nadie, pues el prestar hace perder a un tiempo el dinero y al amigo, y el tomar prestado embota el filo de la armonía.

Y sobre todo:

> Sé sincero contigo mismo, y de ellos se seguirá,
> como la noche al día que nunca puedas ser falso con nadie.

William Shakespeare

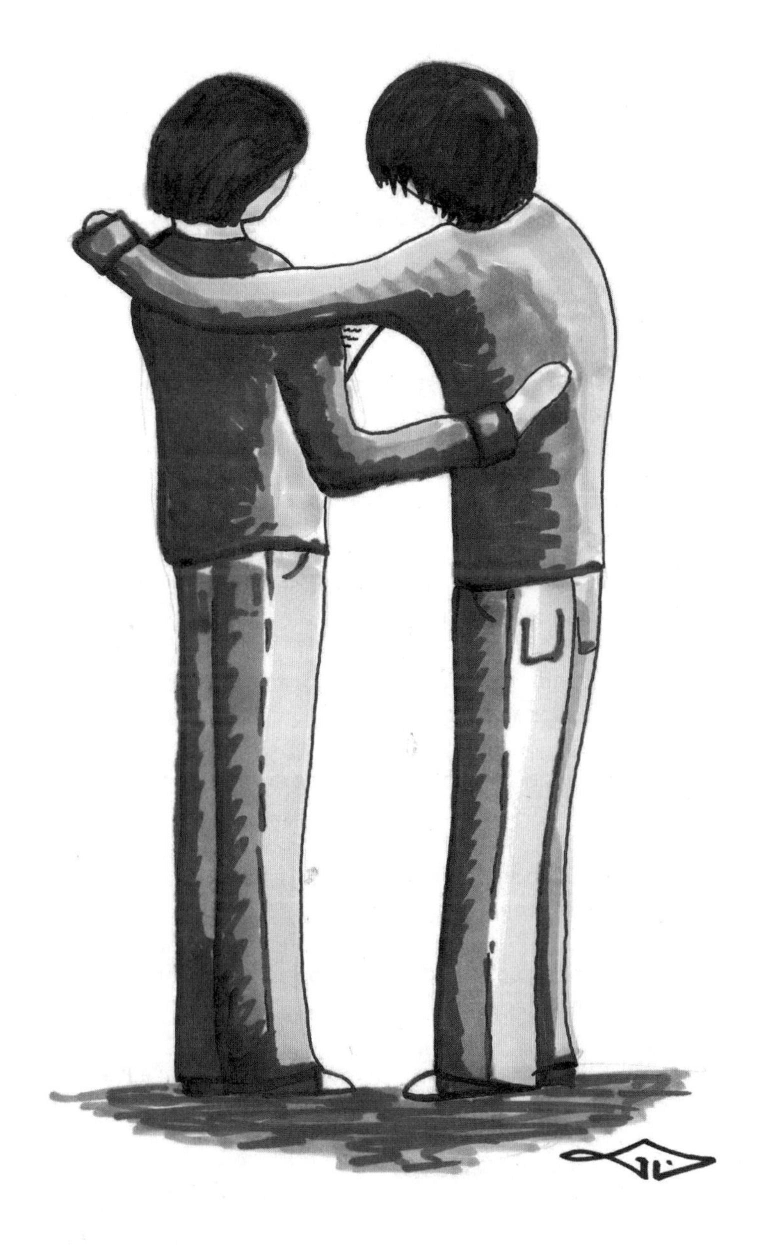

Los amigos que escojas y cuya adopción
hayas puesto a prueba, sujétalos a tu alma con garfios
de acero, pero no encallezcas tu mano con agasajos
a todo camarada recién salido del cascarón.

Una adolescente

Una adolescente se preparaba para volver a casa después de visitar a sus abuelos durante varias semanas.

Su abuelo le dio doce tarjetas postales: "Escríbenos unas líneas cada mes", le pidió.

Pasaron los meses y las postales no se usaron, hasta que la adolescente recibió esta carta:

Querida nieta:

la vida se compone de una serie de etapas:
cuando se es niño, se anhela ser adolescente,
y esa etapa llega.

Cuando se es adolescente, se ansía ser joven,
y esa etapa llega.

Cuando se es joven, se piensa en conocer a una mujer,
enamorarse y casarse, y esa etapa llega.

Cuando se es hombre casado, se anhela ser padre,
y esa etapa llega.

Cuando se es padre, la ilusión es tener nietos,
y esa etapa llega.

Cuando se es abuelo, se espera el día en que los nietos
aprendan a escribir... pero esa etapa, para mí, aún no llega.

Te quiere, tu abuelo.

Anónimo

Cómo ser dueño de mis emociones

Si me siento deprimido,
cantaré.

Si me siento triste,
reiré.

Si me siento inferior,
vestiré ropas nuevas.

Si me siento inseguro,
levantaré la voz.

Si me siento enfermo,
redoblaré mi trabajo.

Si siento miedo,
me lanzaré adelante.

Si siento pobreza,
pensaré en la riqueza futura.

Si me siento incompetente,
recordaré éxitos del pasado.

Si me siento insignificante,
recordaré mis metas.

Og Mandino

Hijo, no te hice una despedida,
pues las despedidas son para los que se van.

Hasta pronto, hijo,
y recibe mis mejores deseos
de una felicidad compartida
con la mujer de tus sueños.

Carta de un padre a su hijo

Querido hijo:

hoy me he tomado la libertad de entrar a tu habitación, de sentarme en tu escritorio y, en medio de este ordenado desorden, me encuentro con tus libros, con tu colección de timbres y entre una serie de fotos, la que atrae mi atención es la foto de tu novia, que ocupa un lugar de honor.

La miro y pienso

"que bella es ... que buena muchacha has elegido".

¿Te acuerdas, hijo cuando la conociste?

Desde entonces no hubo manera de que la olvidaras. Después de la amistad vino el noviazgo.

No sé qué tan difícil haya sido para ti tomar la decisión de casarte, porque para mí, sí que lo fue.

Casarse implica cambiar toda una manera de vivir.

Cuando tu mamá y yo decidimos casarnos, me empezaron a invadir las dudas, me puse a pensar si la mujer que había elegido era la que yo quería para toda la vida.

Yo deseaba una mujer bella, pero inteligente; una mujer sincera, pero tierna; una mujer alegre, pero seria; una mujer frágil, pero valiente; una buena hija, pero independiente; en fin, una buena esposa para siempre.

Yo deseaba una mujer completa y tu mamá lo era.

Ha pasado el tiempo y hoy me doy cuenta de que no me he equivocado, porque encontré en tu madre todo lo que había buscado. Por eso todavía seguimos juntos, a pesar de todas las penurias, a pesar de todos los problemas que hemos tenido.

No sé si has pensado en lo importante de tu decisión, pero si ya lo has hecho, habrás valorado el cambio que implica en tu vida el estar casado.

Cambiarás como amigo, como hermano e incluso como hijo; tus decisiones, de hoy en adelante, habrás de consultarlas, por respeto, con tu nuevo socio.

Hijo, la noche en que pedimos la mano de tu novia, al regresar a casa no podía conciliar el sueño. Con gran emoción recordé el momento en que, con un nudo en la garganta, les dije a sus padres que ya tenían varios años de noviazgo y que deseaban casarse.

Tu futuro suegro, disimulando una lágrima, me dijo: "!salud!" y se quedó callado. Yo no sabía que hacer, si seguir hablando, permanecer en silencio o salir corriendo...

Por fin volvió a hablar el hombre y pude respirar tranquilo cuando, sonriendo, me dijo:

> "Amigo, usted sabe que salimos sobrando, nuestros hijos se quieren y los dos ya están grandes. Ojalá no se arrepientan, ojalá nos den la dicha de conocer a los nietos y que juntos podamos agrandar la familia.
>
> Lo que si le confieso es que ella es mi tesoro. Que pongan la fecha, lo demás lo ponemos nosotros."

Chocamos las copas y empezaron las prisas.

Desde ese momento no has parado un día: buscando la iglesia, invitando a la familia, comprando tu traje, preparando la fiesta, consiguiendo la casa, comprando los muebles y esperando el gran día.

Ahora ya es tarde y aún no has llegado.

Te estarás tomando los últimos tragos en esa despedida con tu hermano y tus amigos. Hijo, tú te has dado cuenta de cómo he respetado a tu madre y ella corresponde de la misma forma.

Ella participa en las decisiones,
porque somos dos buscando un destino.

Queremos llegar a la cima por diferentes caminos; a veces nos encontramos, otras nos separamos y nos unimos de nuevo, porque buscamos los dos llegar a la cumbre juntos.

Sus pasos son importantes, igual que los míos.

Ya falta muy poco para que llegue el gran día y todavía me niego a creer que esto es cierto, pues te veo tan joven y a ratos tan inmaduro. Pienso que aún te falta salir a recorrer el mundo, pero bueno, tu lo has decidido y ya es tiempo de que formes también tu propio nido.

Y si alguna vez dudas, no tires tu amor al abismo; piensa, recapacita y tómate el tiempo debido, así como lo pensaste para unirte a ella. No te dejes llevar por consejos tontos; ven aquí y lo platicamos, tal vez encontremos juntos una mejor salida. Corrige el malentendido antes de salir corriendo.

Cuando estés en ese trance, trata de entrar en razón, recupera el tiempo perdido, aquellos instantes de amor, y vuelve a poner su retrato igual que lo tienes hoy.

Aprende a ofrecer disculpas,
pues no olvides que amar es saber pedir perdón.

Hijo, no te hice una despedida, pues las despedidas son para los que se van. Háblame cuando tengas tiempo, ven a comer los domingos y dile a tu esposa que éste también es su lugar.

Cuando haya oportunidad compartiremos la mesa, en tu casa o en la mía, que al fin y al cabo estaremos unidos como una familia de verdad.

Hasta pronto, hijo, y recibe mis mejores deseos de una felicidad compartida con la mujer de tus sueños.

Te felicito... has hecho una buena elección.

Gabriel Gamar

Carta de una madre a su hija

Voy a hablar del amor. Nada te diré que tal vez no hayas escuchado.

Sobre el amor han escrito grandes poetas, de él se han expresado todos los seres humanos desde el inicio de la creación y habló cada uno de ellos, según lo entendieron o quisieron entender.

¿Qué podría decirte yo de nuevo?

Sin embargo, ahora que vas a emprender la aventura de la vida de la mano de tu compañero, deseo que recuerdes algunos conceptos que te ayudarán a distinguir lo que significa el verdadero amor, de lo que muchos piensan que es.

El amor es el sentimiento más grande que existe, ya que por él todos fuimos creados y en sí mismo lleva su recompensa.

Tu abuelo solía decirme que solamente lo que amamos nos pertenece; es una gran verdad, por que al amar, tu vida se enriquece más aún que la vida de aquellos que reciben tu amor.

> Así, plenamente, mientras más amor brindes,
> más amor encontrarás en tu camino.

El amor en la pareja es alegría, admiración, paz; sólo busca la felicidad de aquel con quien compartes tu vida; es alegrarse de los triunfos personales y compartirlos como de ambos, es buscar una lección en cada fracaso, asimilarla y levantarse apoyados en la fuerza de la unión.

El amor es honesto, no admite engaños porque sería mentirse a sí mismo. Es expresar respeto por ti y por todos los que te rodean.

El amor es gratitud. Si siempre estás agradecida con lo que la vida te ofrece, percibirás sólo amor, y el temor , el odio y el rencor, no tendrán cabida en tu corazón.

Mi deseo es que seas feliz con tu pareja, que sean uno sólo y entiendan bien la responsabilidad que implica este compromiso.

Deben aprender a caminar juntos, a crecer juntos, a formar a sus hijos y a formarse a sí mismos con cada experiencia.

También perdonar sus errores y entregarse sin reservas ni egoísmos, de la mano en triunfos y fracasos, en penas y alegrías, reconociendo sus virtudes y superando sus defectos.

Amor es gozar de la vida y reconocer que es el don más hermoso que pueden recibir. Comprométanse el uno con el otro, sólo así percibirán el amor en todo su esplendor.

Finalmente recuerda que, en su nueva vida, mi amor, aun en la distancia, siempre estará junto a ustedes.

María Consuelo Álvarez

Voy a hablar del amor.
Nada te diré que tal vez no hayas escuchado.

¿Quién muere?

Muere lentamente quien se transforma en esclavo del hábito, repitiendo todos los días los mismos trayectos.

Quien no cambia de marca, no arriesga vestir un color nuevo y no le habla a quien no conoce.

Muere lentamente quien hace de la televisión su gurú.

Muere lentamente quien evita una pasión, quien prefiere el negro sobre blanco y los puntos sobre las "ies" a un remolino de emociones, justamente las que rescatan el brillo de los ojos, sonrisas de los bostezos, corazones a los tropiezos y sentimientos.

Muere lentamente quien no voltea la mesa cuando está infeliz en el trabajo, quien no arriesga lo cierto por lo incierto para ir detrás de un sueño, quien no se permite por lo menos una vez en la vida, huir de los consejos sensatos.

Muere lentamente quien no viaja, quien no lee, quien no oye música, quien no encuentra gracia en sí mismo.

Muere lentamente quien destruye su amor propio, quien no se deja ayudar. Muere lentamente, quien pasa los días quejándose de su mala suerte o de la lluvia incesante.

Muere lentamente, quien abandona un proyecto antes de iniciarlo, no preguntando de un asunto que desconoce o no respondiendo cuando le indagan sobre algo que sabe.

Evitemos la muerte en suaves cuotas, recordando siempre que estar vivo exige un esfuerzo mucho mayor que el simple hecho de respirar. Solamente la ardiente paciencia hará que conquistemos una espléndida felicidad.

Pablo Neruda

Muere lentamente
quien hace de la televisión su gurú.

Muere lentamente
quien no viaja, quien no lee,
quien no oye música,
quien no encuentra gracia en sí mismo.

Papá se ha ido

Querido hijo:

yo también, como tú, un día me hinqué a suplicarle al Todopoderoso que salvara a mi papá. Nunca tuve palabras para explicarle aquello porque ni yo misma lo entendía; no entraba en el entendimiento de tu incipiente juventud ni en mi madurez de madre.

¿Qué había pasado?... El estupor, la sorpresa, el dolor y el vacío de repente para quienes los amábamos.

El mundo se detuvo, todo se volvió gris, inconsistente, nada valía la pena, tu papá se había ido. Sucedió lo que nadie imaginaba, moría sin que la ciencia hubiese podido hacer algo.

Y yo no te pude explicar nada.

Tu escuela perdida, tu mente distraída, tu escaso interés; eras como una frágil barca en medio de un océano; el vacío y la tristeza habían hecho presa de nuestros corazones.

Cuando él se fue yo le prometí que sacaría adelante a mis tres tesoros, lo más grande y lo más bueno de nuestro matrimonio.

Hoy, años después, nuestra herida es diferente. Ahora somos más fuertes, su recuerdo es más amable, ya nos atrevemos a recordarlo en voz alta; no mucho todavía, pero ya nos atrevemos a hacerlo.

Los caminos de Dios nunca son como nosotros queremos, siempre son como deben ser.

Por ello ten presente a Dios en tu cotidiano andar y está segura de que, no importa el tiempo que pase, algún día lo entenderemos.

Mary Carmen Cantú de Murrieta

Como ser humano

Como ser humano, lo que más necesitas:

No es desarrollo material,
sino desarrollo espiritual.

No es poder intelectual,
sino poder moral.

No es tener conocimientos,
sino tener carácter.

No es buen gobierno,
sino buena cultura.

No son buenas leyes,
sino honestidad.

No es pensar en las cosas de la tierra,
sino en las del cielo.

Anónimo

Los seis pilares del carácter

Confiabilidad.

No decepciones.
No hagas trampas.
No robes.
Sé honesto.
Sé confiable, cumple tus promesas.
Ten el valor de hacer lo correcto.
Construye tu buena reputación.
Sé leal a tu familia, a tus amigos y a tu país.

Respeto.

Trata a los demás con respeto; sigue la regla de oro.
Sé tolerante a las diferencias.
Sé considerado con los sentimientos de los demás.
Ten buenas maneras, no uses un lenguaje vulgar.
No amenaces, pegues o hieras a nadie.
Enfrenta pacientemente al odio, los insultos y los desacuerdos.

Responsabilidad.

Haz lo que debas hacer.
Persevera: ¡no desmayes!
Siempre haz lo mejor que puedas.
Practica el autocontrol.
Sé autodisciplinado.
Piensa antes de actuar, evalúa las consecuencias.
Responde responsablemente por tus acciones.

Justicia.

Respeta las reglas del juego.
Toma lo tuyo pero sé generoso.
Conserva tu mente abierta, escucha a los demás.
No te aproveches de los otros.
No culpes a nadie sin razón.

Amor.

Sé amable.
Sé compasivo y afectuoso.
Expresa tu gratitud.
Perdona a los demás.
Ayuda al que lo necesita.

Ciudadania.

Coopera.
Sé buen vecino.
Respeta a la autoridad.
Mantente informado; vota.
Obedece las leyes y las normas.
Contribuye a la mejora de tu comunidad.
Protege tu entorno ecológico.

Anónimo

Aunque te vayas

Abuela, anoche, escuché que te marcharás pronto.

Sentí un golpe en la frente y un peñasco en la garganta.

Sentí desvanecerme, morirme, y quise irme
contigo, acompañarte.

—Todo acabó —pensé.

En ese momento vinieron a mi mente mil imágenes de ti
y de mi juntas, compartiendo momentos tan hermosos.

Entonces lloré.

Lloré mucho, tanto que sé que Dios se compadeció de mí.

Él vio que mi dolor era tan grande y tan genuino que me habló.
Me aseguró que vivirías y tocó mi corazón para darle paz.

Cuando esto sucedió, supe que aunque tu enfermedad y tu edad
ya no te dejarán estar más tiempo con nosotros, tú estarás bien,
de seguro cuidándome como cuando era niña.

Sé que Dios tiene un lugar especial para ti por que nunca
dejaste de ser niña al mismo tiempo que mujer, esposa,
madre y abuela, una de las mejores abuelas.

Por ello, aunque te vayas,
te quedas en el corazón de quienes te amamos.

Patricia Sánchez Celaya

Caminante

Caminante, son tus huellas
el camino, y nada más;
caminante, no hay camino
se hace camino al andar.

Al andar se hace camino
y al volver la vista atrás
se ve la senda que nunca
se ha de volver a pisar.

Caminante, no hay camino
sino estelas en la mar.

Antonio Machado

¡Buen viaje por la vida!

Para tu recorrido por el viaje de la vida, escúchame:

Ama, porque el triunfo no es hacer lo que quieres, sino querer
y disfrutar lo que hacemos compartiéndolo con quienes amas.

Fórjate y cambia los fracasos por enseñanzas: intenta una vez
más, cuantas veces sean necesarias.

Trabaja para ser mejor, sabiendo de antemano que no podemos
ser perfectos ni tener todo porque aquí no es el Paraíso.

Perdona y pide perdón para no perder los mejores años de
tu vida angustiándote por cuestiones que ya pasaron.

Aspira a crecer como persona y, al mismo tiempo, aprende a vivir
dentro de tus propios límites sin resentimientos ni envidia.

Camina, practica algún deporte, ríe y ten un pasatiempo
para alejar el aburrimiento y la soledad, y acercar el
optimismo y la alegría.

Arréglate, aunque la moda diga lo contrario.
Al presentarte desaliñado te faltas al respeto a ti y a los demás.

Acepta que el dinero no es el éxito y que, para trascender,
hay que emprender, crear, dar, ser mejor y amar.

Cultiva la paz y el amor, la humildad y la paciencia, la fe y la
esperanza, sin olvidar comprometerte y responsabilizarte.

Y si quieres destruir tu vida: ¡ fuma, ingiere drogas y alcohol,
ten sexo irresponsable y abusa del placer!

¡Buen viaje por la vida!

Irene Fohri

¡Buen viaje por la vida!

Felicidad

Los psicólogos nos dicen que la felicidad propia es un reflejo de la felicidad que damos a los demás.

Puede, pues, enunciarse la siguiente fórmula:

¡más felicidad se tiene mientras más felicidad se da!

El hecho de dar nos hace sentir bien, nos da seguridad, nos hace más grandes.

Hay quienes dicen, paradójicamente,
que es una forma sublimada del egoísmo.

Pero no siempre se puede dar.

A veces la vida nos coloca en situaciones en las que es preciso pedir y recibir: enfermedades, penas y quebrantos, por ejemplo.

A quienes han sido generosamente dadores se les hace muy difícil pedir y recibir.

Y es que, para pedir y recibir, hay que tener humildad.

¡La humildad es una de las virtudes más difíciles de practicar!

Alfredo Patrón Arjona

Resístete

No te arrojes a la mujer como el perro
se arroja a lo que le dan de comer.

No te hagas, a manera de perro,
en comer y tragar lo que le dan,
dándose a las mujeres antes de tiempo.

Aunque tengas apetito de mujer,
resístete, resiste a tu corazón
hasta que ya seas hombre perfecto y recio.

Mira que el maguey, si lo abren de pequeño
para quitarle la miel, ni tiene sustancia,
ni da miel, sino se pierde.

Poema náhuatl

Ese ángel

Refiere una antigua leyenda que un niño, próximo a nacer,
le dijo a Dios:

—Me vas a enviar mañana a la tierra.
Pero, ¿cómo viviré allá, siendo tan pequeño y débil?

—Entre los muchos ángeles escogí a uno que te espera —contestó Dios.

—Pero aquí en el cielo no hago más que cantar y sonreír, y eso basta para mi felicidad. ¿porqué hacerlo allá?

—Ese ángel te cantará y sonreirá todos los días y te sentirás muy feliz con sus canciones y sonrisas.

—¿Y cómo entenderé cuando me hablen, si no conozco el extraño idioma de los hombres?

—Ese ángel te hablará y te enseñará las palabras más dulces y más tiernas que escuchan los humanos.

—¿Qué haré cuando quiera hablar contigo?

—Ese ángel juntará tus pequeñas manos y te enseñará a orar.

—He oído que en la tierra hay hombres malos.
¿Quién me defenderá?

—Ese ángel te defenderá, aunque le cueste la vida.

—Pero estaré siempre triste porque no te veré más,
Señor y sin verte, me sentiré muy sólo.

—Ese ángel te hablará de mí y te mostrará el camino para volver a mi presencia —le dijo Dios.

En ese instante, una paz inmensa reinaba en el cielo.

No se oían voces terrestres.

El niño decía suavemente:

—Dime su nombre, Señor —y Dios le contestó:

—Ese ángel se llama *mamá*.

Anónimo

Ese ángel te defenderá, aunque le cueste la vida

Reflexiones de invierno

Recuerdo que un invierno mi padre necesitaba leña, así que buscó un árbol muerto y lo cortó. Pero luego, en la primavera, vio que al desolado tronco marchito de ese árbol le salieron brotes nuevos.

Mi padre dijo:

—Estaba yo seguro de que ese árbol estaba muerto.

Había perdido todas las hojas en el invierno.

Hacía tanto frío, que las ramas se quebraban y caían como si no le quedara al viejo tronco ni una pizca de vida.

Pero ahora advierto que aún alentaba la vida en aquel tronco.

Y volviéndose hacia mí, me aconsejó:

—Nunca olvides esta importante lección.

Jamás cortes un árbol en invierno.
Jamás tomes una decisión negativa en tiempo adverso.

Nunca tomes las más importantes decisiones cuando estés en tu peor estado de ánimo.

Espera. Sé paciente. La tormenta pasará.

Recuerda que la primavera volverá.

Robert Schuller

Recuérdale...

Quien alimenta el odio,
arroja fuego al propio corazón.

Quien cultiva la ociosidad,
forma nieve en torno de sí.

Quien sustenta el vicio,
encarcélase en él.

Quien se encoleriza,
lanza piedras sobre sí mismo.

Quien provoca situaciones difíciles,
aumenta los obstáculos.

Quien se especializa en la identificación
del mal, difícilmente ve el bien.

Quien no quiere soportar,
es incapaz de servir.

Quien vive coleccionando lamentaciones,
camina bajo una lluvia de lágrimas.

Franciso C. Xavier

El hablar y el callar

Sí, hablar es fácil, pero callar requiere prudencia y dominio.

Hablar oportunamente, es acierto.
Hablar frente al enemigo, es civismo.
Hablar ante una injusticia, es valentía.
Hablar para ratificar, es un deber.
Hablar para defender, es compasión.
Hablar ante un dolor, es consolar.
Hablar para ayudar a otros, es caridad.
Hablar con sinceridad, es rectitud.
Hablar de sí mismo, es vanidad.
Hablar restituyendo fama, es honradez.
Hablar aclarando chismes, es estupidez.
Hablar disipando falsos, es de conciencia.
Hablar de defectos, es lastimar.
Hablar debiendo callar, es necedad.
Hablar por hablar, es tontería.
Hablar de Dios, significa mucho amor.

Callar cuando acusan, es heroísmo.
Callar cuando insultan, es amor.
Callar las propias penas, es sacrificio.
Callar de sí mismo, es humildad.
Callar miserias humanas, es caridad.
Callar a tiempo, es prudencia.
Callar en el dolor, es penitencia.
Callar debiendo hablar, es cobardía.
Callar palabras inútiles, es virtud.
Callar cuando hieren, es santidad.
Callar para defender, es nobleza.
Callar defectos ajenos, es benevolencia.

Debemos aprender primero a *callar* para luego poder *hablar*, pero siempre con acierto y tino, porque si *hablar* es plata, *callar* es oro.

Y recuerda siempre:

Que tus palabras sean más valiosas que el silencio que rompen.

> Educación, saber controlar ciertos impulsos,
> morderse la lengua para no cometer imprudencias o desaciertos...
> callar es tener muchas ganas de paz.
>
> Anónimo

Debemos aprender primero a callar
para luego poder hablar,
pero siempre con acierto y tino.

...Que tus palabras sean más valiosas
que el silencio que rompen.

Palabras que brillan

Cuando la vida no te sea fácil,
recuerda siempre esto:

Que sepas, en tu corazón,
que hay otros que nunca te olvidan.

Que siempre encuentres un arco iris
después de una tormenta.

Que celebres las cosas maravillosas que hay en ti.

Y cuando llegue el mañana,
que puedas comenzar de nuevo.

Que recuerdes cuántas sonrisas pueden llenar un día.
Que creas que tus anhelos serán una realidad.

Que encuentres tiempo para apreciar la vida
y tiempo para compartir tu belleza espiritual.

Que veas tu presente como un regalo.
y tu futuro como otro más.

Que agregues una página dorada al diario de cada
nuevo día, y que puedas convertir "La felicidad eterna"
en eterna felicidad.

Y que siempre sigas sembrando las semillas de tu sueños.

Porque si sigues creyendo en ellos,
tus sueños seguirán tratando de florecer en ti.

Collin McCarty

La tentación del sexo

Para empezar —me dijo— eso de acostarse
con el novio no es cosa nueva.

Se ha hecho desde siempre, así que
tu generación no tiene nada que enseñarle
a la mía. Le resultaba difícil revelarme
sus yerros de mocedad, pero ya no
podía detenerse...

Los jóvenes de aquella época poseíamos
la misma cantidad de hormonas que ustedes,
pero había menos promiscuidad y el sexo
sin amor era poco frecuente.

Carlos Cuauhtémoc Sánchez

El placer de servir

Toda naturaleza es un anhelo de servicio.

Sirve la nube, sirve el aire, sirve el surco.

Donde haya un árbol que plantar, plántalo tú;
donde haya un error que enmendar, enmiéndalo tú;
donde haya un esfuerzo que todos esquiven, acéptalo tú.

Sé el que aparta la piedra del camino,
el odio entre los corazones,
y las dificultades del problema.

Hay una alegría de ser sano y la de ser justo;
pero hay, sobre todo,
la hermosa, la inmensa alegría de servir.

Que triste sería el mundo si todo en él estuviera hecho,
si no hubiera un rosal que plantar, una empresa que
emprender.

Que no te llamen solamente los trabajos fáciles.
¡Es tan bello hacer lo que otros esquivan!

Pero no caigas en el error de que sólo se hacen méritos
con grandes trabajos; hay pequeños servicios que son
buenos servicios: adornar una mesa, ordenar unos libros,
peinar a una niña....

Aquel es el que critica, éste es el que destruye;
¡Se tú el que sirve!

Servir no es faena de seres inferiores. Dios, que da el fruto y
la luz, sirvió; pudiera también llamársele así: ¡ El que sirve!

Él tiene sus ojos fijos en nuestras manos y nos pregunta
cada día: ¿serviste hoy?, ¿a quién?, ¿al árbol, a tu amigo, a tu
madre?

Gabriela Mistral

Sé el que aparta la piedra del camino,
el odio entre los corazones,
y las dificultades del problema.

En vez de televisión

¡Me levanté a la quinta vez que sonó el despertador!

Todavía había tiempo para llegar a la clase de las nueve, pero preferí quedarme acostado otro rato.

Prendí la televisión y lo mismo de siempre:

Primer canal: "Apañóla, matóla, violóla y guardóla".

Otro canal: "Aumenta la corrupción respecto al año pasado".

El siguiente canal: "Se incrementan el desempleo y lapobreza".

El que sigue: "Las caricaturas más violentas del planeta".

Mi última opción: "Ante la imposibilidad de conseguir carne, una receta con soya".

¡Desesperante! Decidí la mejor opción: ¡apagarla!

Y al asomarme por la ventana de mi recámara vi el jardín lleno de flores y empecé a recordar los momentos que pasamos con mi amigo Lucas leyendo algunos libros.

Patricia Arriaga y José García

Diez cosas que nada cuestan

Un rostro alegre en la monotonía
del trabajo cotidiano.

Un silencio caritativo sobre las faltas
y defectos de los demás.

Una palabra de reconocimiento
y estímulo al prójimo.

Un servicio prestado a un subalterno.

Una cara de buenos amigos al llegar al hogar.

Un favor a quien no puede devolverlo.

Una molestia aceptada de buen agrado.

El reconocimiento sincero de un error cometido.

Un apretón de manos cálido y amistoso.

Una conversación paciente e interesada.

Anónimo

El cigarro mata a más gente de lo que uno cree
y de la forma más fea de lo que uno piensa.

¡Un respiro no tiene precio!

El valor de un suspiro

Hubo alguien que me dijo: "vete en este espejo, ese vicio acabará con tu salud", yo valiente pensaba "quince años y ya me quieren matar por uno que otro cigarro", también en las clases nos enseñaban todo lo que un cigarro hace en el organismo... ¿ya te dieron esas clases sobre los vicios?

No sé si me atrajo el querer conocer al chico del comercial que paseaba en un gran caballo por hermosos paisajes o porque quería parecer mayor de edad... los pretextos sobran para justificar el que "un cigarro no es nada malo".

Años después, dejé de hacer ejercicio, deje de bailar y deje de viajar, ya todo me cansaba, fue en esos tiempos que un par de amigos fallecieron por el cáncer —qué drástica soy, ¿verdad?— pues no es así, el cigarro mata a más gente de la que uno cree y a todos ellos alguna persona les dijo igual que a mi: "el cigarro mata", y ¿qué crees?, ¿me espantó el que fallecieran por este motivo?

Por supuesto que no, nunca intenté dejar de fumar, nunca probé pastillas o parches o cualquiera de los productos para dejar de fumar, no era mi intención dejar "el vicio".

Como a muchos fumadores, me llevaron al "hospital de fumadores", todos los pacientes eramos caso de estudio para ser analizados como conejillos de indias; una señora que parecía más grande que mi propia madre respiraba con dificultad en la camilla frente a mi, ambas estabamos con oxígeno, pero su respiración era terrible. Había momentos que me faltaba tanto el aire que pensaba que se estaba yendo mi vida por un suspiro, angustiante, una desesperación que quisieras golpear el pecho (y lo hacía) para sólo recuperar un suspiro, un poco de aire, "por favor Dios, no quiero morir ahora".

Fue entonces que escuché la plática que salvara mi vida:

El médico principal decía a los otros:

"Estas dos pacientes, tienen el mismo diagnóstico y las dos van —de salida— ella regresa a casa (¡yo! ¡gracias Dios!), la otra, ya no tarda en fallecer y es dos años menor..."

¿Pueden creerlo? Era más jóven que yo y ¡se veía mucho mayor!.
Al salir del hospital no necesité parches ni pastillas ni nada; el médico me dio la receta perfecta para dejar de fumar... ¡el miedo a morir! pero sobre todo ¡el miedo a dejar de respirar! ¡quedar sin aliento!

¿Cuántos fumaba al día? Mencionarlo sería una vergüenza pero pueden ver qué tan sofisticada me veía: mis dientes eran amarillos, de un amarillo tan feo que tenía que ocultarlos y todavía no se ven blancos, mis dedos tenían la clara marca de un fumador, curvos y amarillos, mi cabello, ¡qué horror! al recuperar mi sentido del olfato me di cuenta qué tan mal olía, era terrible en verdad ¿cómo soportaba la gente tratar conmigo en esas condiciones?

¿Creen que eso fue lo peor? He pasado año tras año, todos los inviernos con al menos bronquitis hasta llegar a estar más de un mes enferma en cama, es terrible una pulmonia ¿verdad?

¡Es más terrible perder la vida! y ¡yo me salvé!, ahora que inicia un nuevo año te puedo decir que es el primer invierno que paso sin enfermedades respiratorias. El primero, dicen que pasaran otros cinco años o más para que mis pulmones puedan sanar.

Pero ¡me salvé! y eso es lo que hoy comparto contigo y si pudiera mostrarles radiografías de mis pulmones sabrían de lo que les hablo. Testimonio exacto de ¡lo que provoca un cigarro!

No seas un caso de estudio, no creas lo que una señora mayor te está diciendo, sermoneando ¡no escuches lo que te dicen sobre lo malo que es el cigarro!, no veas artículos o creas nada de lo que te digan sobre lo mal que te hace un cigarro...

Sólo te pido que valores lo que significa poder respirar.
Si al menos uno de ustedes toma en cuenta mi experiencia.
Valdrá la pena.

¡Respira y disfruta tu vida!

Sylvia H. Gallegos

Un padre famoso

Un gran hombre murió hoy.

Él no era un líder mundial ni un doctor importante ni un héroe de guerra ni una figura del deporte. El no era un tigre de negocios y nunca verás su nombre en las páginas financieras. Pero él fue uno de los hombres más grandes que han vivido.

Él fue mi padre.

Creo que podría decir que él fue una persona que nunca se interesó en obtener premios o recibir honores.

Él hizo tonterías como pagar sus deudas a tiempo, ir a la iglesia en domingo y hacer su servicio social.

Ayudó a sus hijos con sus tareas y llevó a su esposa al supermercado los jueves por la tarde.

Se divirtió llevando y trayendo a sus hijos adolescentes y a sus amigos a los juegos de futbol.

Esta noche es mi primera noche sin él.

No sé qué hacer conmigo mismo.

Me arrepiento por las veces en que no lo respeté de manera adecuada, pero estoy agradecido por muchas otras cosas.

Agradezco a Dios que me permitió tener a mi padre por quince años y estoy feliz de que pude hacerle saber cuanto lo amé. Ese hombre maravilloso murió con una sonrisa en la cara y satisfacción en el corazón.

Él sabía que fue un gran éxito como esposo y como padre, como hermano, como hijo y como amigo.

Me pregunto ¿Cuántos millonarios podrían decir esto?

Anónimo

Nunca vayas a dormir...

Siempre que alguien me pide un consejo, una recomendación para su próximo matrimonio, les digo sólo una frase que es la base para un buen matrimonio:

"Nunca vayan a dormir mientras estén enojados."

Así es, resuelvan cualquier diferencia antes de dormir y todo será diferente en sus vidas.

Así también a ti, como joven te recomiendo, no permitas que exista una barrera de comunicación con tu familia, si te sientes reprendido o juzgado, platícalo con tus padres, si tienes dudas o tuviste alguna rencilla con tus hermanos, abre un canal de comunicación que tú, como joven inteligente puedes lograr.

Los problemas que ha afrontado la humanidad siempre radicaron en la falta de comunicación, por ello, esfuérzate y trabaja para que dentro de tu familia exista constantemente una sana comunicación.

No está fuera de moda el llevar una buena relación con tu familia, al contrario, la fidelidad que les brindes a ellos se verá reflejada en tu persona y serás aceptado con mayor facilidad en cualquier círculo que te desenvuelvas.

Recuerda que los valores que recibiste de lealtad, integridad, respeto y mucha comunicación, son elementales para tu vida y no son un estorbo como a veces se cataloga en estos tiempos.

Compleméntalo con amor, armonía y pasión por la vida y comprobarás que todos los días recibirás al menos una sonrisa.

Roger Patrón Luján

"Nunca vayan a dormir mientras estén enojados."

Así es, resuelvan cualquier diferencia antes de dormir
y todo será diferente en sus vidas.

Así también a tí, como joven
te recomiendo, no permitas que exista
una barrera de comunicación con tu familia.

Hay que ver finales,
no principios.

Joaquín Vargas Gómez

Contenido

Esta edición se imprimió en enero de 2010, *en Promografic. Sabino #35. Col. El Manto. Delegación Iztapalapa.*